快樂尋味・中華名菜 150

北風經典

濟南 | 哈爾濱 | 西安

採訪撰文 | 彭嘉琪

烏魯木齊

新疆維吾爾自治區

甘

肅

青

西藏自治區

•拉薩

宮廷菜及現代陝西菜九道	農家家常
駝蹄羹	土豆絲柳
糟肉	油潑麵
葫蘆雞	涼麵
油潑辣子蒸野生鯰魚	糝子麵
衙燜白鱔	
芝麻牛肉	回民小吃
桂香奇異果蝦球	牛肉泡饃
黃河灘棗燴雪蛤	臨潼柿子
香辣茄子拌扯麵	

家常川菜三道	新派川菜七道
私房豆瓣醬回鍋肉	燈影魚片
麻婆豆腐	富貴花開脆椒黃牛柳
酸菜魚片	魚香茄塔
	子薑跳水蛙
藝術家私房菜五道	宮保山藥
古法燒椒	辣子焗鵪鵓
水煮梅花參	鷓鴣壹枝
飄湯丸子	
剁椒魮腸	
原度豆花	

余

雲 南

•昆明

中華尋味足跡｜北風經典篇

龍江
歐陽應霽
哈爾濱
哈爾濱道台官府菜五道
鍋包肉
酥黃菜
洋春卷
鰉魚燒土豆
釀猴頭蘑
家常菜三道
地三鮮
木須肉
酸菜白肉
俄僑家常菜七道
油煎包
菜卷
蘇泊湯
俄式沙拉
煎肉餅
奶汁桂魚
罐牛
長春
吉林
沈陽
遼寧
內蒙古自治區
呼和浩特
北京市
山東家常麵點三道
山東包子
鱍魚水餃
糖三角
魯菜六道
糖醋鯉魚
雙參奶湯鯽魚
燒海參
松子香蘑
水晶肘子
瑤柱翡翠圓
濟南家常菜六道
明湖脆藕
剔骨肉拌黃瓜
革新鍋燒鴨
家常黃豆芽
酥鍋
油旋
濟南
山西
山東
陝西
西安
傳統徽菜十道
小煎毛豆腐
黃山雙石
臭桂魚
梅菜煎鍋巴
皖南千層鍋
毛峰雞絲
問政貢筍
爽口地皮菜
蟹殼黃
汪府貢鵝
安徽家常菜五道
酒釀蛋花
黃山燻魚
藍莓醬鴨
蕨菜炒臘肉
葛粉圓子
傳統南京菜六道
鹽水鴨
菊花蛋湯
桂花糖芋苗
白汁 魚
燉生敲
蘆蒿炒臭乾
農家土菜六道
蘿蔔燴蛋餃
鱔魚麵疙瘩
農家漲蛋
馬齒莧燒肉
白魚燉豆腐
青菜河蚌
老南京家常菜三道
疊元宵
三鮮鍋巴
糖炒馬蘭頭
合肥
南京
上海
黃山
湖北
安徽
武漢
黃婉瑩
杭州
老杭菜十道
粢毛肉圓
毛筍燉鹹肉
細沙羊尾
桂花炒芝麻年糕
爛糊鱔絲
醋燒魚
乾炸響鈴
清湯魚丸
片兒川
西湖 菜湯
杭州家庭料理五道
香茶焗蝦
油燜春筍
麻
筍乾老鴨煲
鹹肉蒸牛蒡
懷舊湖北菜七道
粑魚
三鮮豆皮
粉蒸肉
清蒸武昌魚
地三白
荊沙甲魚
黃金藕夾
湖北家常菜六道
臘肉酸菜麵仔
宮廷蹄膀
臘味合蒸
太和米粑
石溪醬蛙
秘醬焗江鰱
家庭菜兩道
醃橙子皮
蓮藕臘雞排骨湯
長沙
順德小吃三道
雙皮奶
金銀奶
倫教糕
順德家鄉菜三道
桑葉和順球
頭菜蒸肉餅
家鄉炒河蝦
順德傳統菜五道
大良炒鮮奶
白切雞
薑汁撞奶
八寶釀鯪魚
鳳巢三絲
失傳順德菜四道
古法燒鵝
鳳城魚皮角
樂從魚腐
六味燴長魚
台北
廣州
香港
順德
南寧
黃倩霞
海口
海南
國金軒名廚Jacky Chan新派菜四道
東方夜明珠
鮑魚三疊
紅寶雲耳塘邊雞
口椒汁露筍炒牛小排
囍宴名廚黃君新派菜四道
千絲萬縷菌王豆腐羹
荔枝菠蘿火鴨紅咖喱
金不換辣酒煮花蛤
翡翠白玉卷
皇家太平洋酒店名廚鄭陽坤名菜三道
雪嶺紅梅映松露
雪肌玉露
惹味櫻花蝦
渣甸山小廚名廚蔡恆旭經典菜四道
三弄回味老虎蝦
桂花炒銀絲
紅酒一字骨
上海雲吞雞

前言
味道筆記

150道菜，150種味道，是歲月沉澱的韻味。

歷經半年，走過大江南北，踏進大小廚房，傾聽每個下廚人的故事，嚐透每口湯裡的酸甜苦辣，剝開蔥蒜穀麥，記下前人的味道筆記。

四川、廣東、香港，成都─順德─香港，說的是「川粵知味」。湖北、江蘇、浙江、安徽，武漢─南京─杭州─黃山，走的是「江畔食途」。山東、東北、陝西，濟南─哈爾濱─西安，記的是「北風經典」。

大城小市，每頓飯細火慢熬，蘊藏點滴親情友愛，細味，飯桌上的快樂人生。

尋味之旅

「蘭陵美酒鬱金香，玉碗盛來琥珀光。但使主人能醉客，不知何處是他鄉。」

因着公務，這些年來我經常要走遍中國各個省市。無數個出差的晚上，當地合資公司的同事總會以家鄉名菜熱情款待，令我這個異鄉人亦感受到家的溫馨。

中國地大物博，各處豐富的物產、歷史和文化背景造就了不同的飲食文化和菜系特色。但最能打動人心的美食，卻非山珍海錯，而是走進尋常百姓家，與當地人一邊喫飯、一邊呷茶，在觥籌交錯中笑談人生。

是故當我們構思出版這一系列有關中華名菜的書時，地道佳餚固然是主菜，然而其背後故事、獨特的食源，以至烹調者代代相傳的民風習俗，亦是必不可少的佐料。於是，與其稱為烹飪書，倒不如說這是一系列有關中華飲食的遊蹤，能藉此推廣飲食文化，正是我們一貫的宗旨。

謹此感謝著名飲食文化作家歐陽應霽先生、私房菜鼻祖余健志先生、著名烹飪導師黃婉瑩女士，及煤氣烹飪中心經理黃倩霞女士的參與和意見。在短短數月間，四位名家走遍大江南北，全賴他們對飲食文化的熱愛，才能為讀者呈現非一般的飲食遊歷。此外，我更希望鳴謝中華煤氣和港華燃氣的內地合資公司同事，在籌備期間不辭勞苦地走訪客戶搜集資料，努力發掘當地有關明火煮食的本土菜色和故事，讓我們得以大飽眼福。

值得一提的是，有鑑於部分地道食材難以在香港找到，承蒙四位烹飪名家的專業建議，食譜中若干食材均能改以合適的本地材料代替，讓讀者在家中享受明火烹調樂趣之餘，足不出戶亦能細味中華名菜的奧妙。

關育材太平紳士
香港中華煤氣有限公司
執行董事暨營運總裁
2012年 春

快樂尋味。中華名菜。

尋味心聲

一親道地烹飪文化

跟香港煤氣公司合作多年，一直非常欣賞他們對美食文化推廣的無限創意及勇於嘗試的精神。今年正是他們150週年，為慶祝這個盛大而重要的紀念，他們構思了這套《快樂尋味・中華名菜150》。

在接到他們邀請參與這套書的顧問作者一刻開始，我已經充滿期待，因為我知道這將會是香港出版界空前盛大的一次製作及出品，亦將會是本港飲食、食譜書的重要代表作。

從資料搜集，遠赴各地拍攝、編寫及後期製作，製作小組及編輯都付出了無比的毅力、耐性和精神，克服了無數困難，才令這套書得以誕生。其間在我參與的西安和成都這兩個城市當中，更使我獲益良多，我們更有機會深入走進當地百姓民家，親身體驗當地的地道飲食、烹飪文化，感覺他們的生活氣息，這也是我一次難得的經歷。

這是一系列踏遍中國九省十座城市，編輯及各位參與嘉賓用心力及誠意去寫成的作品，能夠參與其中一部份，我實在感到非常榮幸及興奮！

Jacky

尋味心聲

回味難忘

因為此書，本人有幸被邀請到魚米之鄉——順德。

當地物產豐富，廚師對菜式的要求非常之高。短短數天的行程，滿足了我的要求，嚐到自小喜歡吃的多種食物，有倫教糕、雙皮奶、魚皮角、釀鯪魚、魚腐等等，都是各有代表性的菜式。順德各大廚盡顯身手，讓我大開眼界，所有菜式的製作皆一絲不苟，而箇中的秘訣，本書會為大家一一解開。

在順德到處也可吃到的倫教糕，是歡姐家族流傳到現在的家傳秘方，她對每一個步驟都非常堅持，保留著原有的風味。最有趣的是，有機會用那陳年的石磨，磨米成漿，一試當年做倫教糕的過程。

雙皮奶更是我夢寐以求的順德招牌甜品，董小姐堅持用當地的水牛奶，所以味道及品質多年不變，仍然保持著那種濃稠香滑，回味無窮！遺憾的是，因當日天氣太差，沒機會走訪水牛場，不能一睹擠水牛奶的過程，不能現場體會新鮮烹製雙皮奶。

短短的數天很快便結束，卻已感受到順德人對食物的執著及要求，讓我們可以嚐到百年真味。

走訪內地十多個城市，盡收天下名菜之餘，我們並沒忘了煤氣的紮根地——香港。香港廚師不斷努力，創作了很多富本地色彩的菜式。黃君師傅的刀工菜「千絲萬縷菌王豆腐羹」是由文思豆腐演變出來，看到千絲萬縷、細如髮絲的豆腐，便知黃君師傅下了多大的工夫，成功的背後是他學廚時為了多一點練習機會，免費為各大小食肆切薑絲。

最後，當然要感謝各位師傅及所有工作團隊為這本書付出的努力，我們才可體會到每位廚師對每一道菜付出的血汗，令出神入化的菜式展現眼前。

Pauline

快樂尋味。中華名菜。

知味尋源

近年經常南北闖蕩東西奔跑，到過的好玩地方、見過的有趣的人太多太雜，分分秒秒都在挑戰自己的方向感和記憶力。唯是在路上爭取把握每個機會細嚐各個地方的本土食物，才能更準確、深刻的留下對這方水土的味覺回憶，累積描繪出行走中的私家美食地圖。

走萬里路，嚐千家菜。先不要說走遍全球，若能在有生之年走遍全國，在中華八大菜系內外探源溯流，精挑細嚐，那已經是十分感恩的了。這回有幸應邀參與中華煤氣150周年的巡禮活動，走訪了魯菜的重鎮濟南、以及東北菜系的其中一個據點哈爾濱，分別認識了站在第一線、兼具豐富烹調經驗和研究心得的總廚與餐飲業經營者，在忙碌的廚房現場目睹並親嚐美味一刻，也難得的深入兩地市民百姓家，學習當地家常菜的樸實做法，這都是夢寐以求的學習體會。

更重要的，是旅途上的飲食經驗和烹調技法能夠編收整理成書，與全港的美食同好分享，肯定也是源遠流長的中華美食在當下的一種承傳延續。

應霽

尋味心聲

感動心窩

這次的旅程雖然緊湊，但在香港及各地單位的悉心安排及照顧下，令所有訪問都可以順利完成。在短短的數天之內，我與工作人員於熱鬧繽紛的城市及寧靜樸素的鄉鎮之間穿梭，品嚐了不少的傳統及家鄉美食，正好讓我體會到何謂「民以食為天」。而此次旅程讓我最深受感動的，就是各受訪者的熱情款待。

當我們到訪每一間酒家，都一定要深入其廚房，向各位大師傅取經學藝。我所接觸的每一位廚師，都可從他們身上看到他們對廚藝的堅持與尊重。縱然示範的每一道菜都是他們拿手、甚至是鎮店的菜式，但他們並未因此而對箇中的技巧閃爍其詞，反而是把烹調步驟一一細心示範，更將秘技傾囊相授，讓我從中亦可偷學到一招半式，獲益良多。

除了專業廚師外，在家訪時，亦讓我認識了多位隱世大師，他們每位都有祖傳秘技，而很多菜式的背後，原來都隱藏了不少令人窩心的小故事。例如，八十多歲老公公親自下廚「疊」元宵給我們品嚐，他一邊示範，還一邊憶述小時候「吃」的故事，溫馨感人，讓我意識到菜式是有其生命的。

此外，亦有另一家嬸嬸及大姐們的熱情招待。她們不僅大清早便到市場買菜，利用最新鮮的魚、肉烹調巧手家鄉菜，更拿出各款各樣的自家製泡菜與我們分享。原來這些泡菜的秘方都是代代相傳，由婆婆一路傳到女兒、媳婦以至外孫手裡。這些自家醃製、看似毫不起眼的漬物，其實不僅是世代的民間小吃，最重要的是它代表了薪火相傳，讓我體會到食物原來真的可以把家庭聯繫起來。

毫不客氣的我，有幸參與這些家庭與各成員聚首一堂的飯局，讓我的心窩亦不期然地暖起來了。

Annie

快樂尋味。中華名菜。

目次

快樂尋味。中華名菜。

CONTENTS

PART 1

濟南。
飄雪嘗鮮

冬雪落入明湖，化作靜蘊一片，湖水澄清，影襯古亭小橋老濟南。

清泉潤澤老城，
七十二泉泉水如湧。

濟南人是幸福的，世代受不絕泉水滋潤，清澈泉水匯聚成大明湖。湖光浩渺，自古至今，令無數墨客文人為之傾倒，李白、杜甫、蘇轍、老殘、老舍，無一不曾提筆讚美此座古城，秀山良水，濟南這片福地更曾孕育出李清照和辛棄疾兩大詞家。

舞文弄墨可略知古城一二，若要深入濟南人家的生活，還得早起摸黑到黑虎泉去。見老人們一人提着幾個大

1 濟南有泉水專供市民裝回家飲用。
2 3 黑虎泉是濟南七十二名泉之一。

濟南。哈爾濱。西安。

即使在冬天，天然泉水的溫度也有攝氏十五度左右。

以手掬水酣暢而飲，
甘甜清冽流淌入胸懷。

瓶，原來是為了捎泉水回家，燒水熬湯給孩子和孫兒喝。山東人重視家庭，泉水如中軸線，串連起濟南人的美好生活。

問起當地人，著名美食中的「濟南三美」究竟是什麼？而答案中的蓮藕、茭白、蒲菜*，竟然全是水生！還有大蔥、蘿蔔、大白菜，山東地裡長的都是寶。

歐陽應霽（阿齋）初次到濟南，說起來，原來他祖籍山東，包子與餃子，正宗魯菜，正合脾胃。

*水生植物香蒲的嫩假莖。

濟南。哈爾濱。西安。

濟南的市場附近，總見熱氣騰騰的包子店。

山東包子香

章丘大蔥蘸醬、提香、生拌、炒菜都好吃，
但最深得民心的，還是做餡兒。

第一天到濟南，行李往酒店一放下，哪兒都不去，先直奔市場，這是阿齋的美食哲學。濟南是山東首府，山東正有中國糧倉之稱，物產豐富，阿齋拉著地道濟南人張曉燕，幾乎把燕山菜市場翻了一大遍。

菜市場琳瑯滿目，愛做菜之人肯定會歡喜若狂。「大姐，濟南有什麼好吃的？」阿齋雀躍地問賣菜大嬸。「大蔥呀，蓮藕呀，蘿蔔呀，白菜呀，都很好。你看嘛，拿起來聞聞，是不是很香，做包子可香了！」大嬸遞給阿齋一大把大蔥，說是章丘來的，「我們的大蔥，今天早上才割下來，就在市場賣，還水嫩水嫩！」

山東以章丘大蔥最有名，章丘就在濟南。濟南人愛吃大蔥是有道理的，這裡的大蔥沒有經過運輸的折騰，看起來青白有致，散發水分充足的光澤，極吸引人，不像運到城市超市去的，或一些京菜烤鴨店的，那些蔥絲看起來早已失去光澤。

章丘大蔥蘸醬、提香、生拌、炒菜都好吃，但最深得民心的，還是做餡兒。大蔥、蘿蔔、白菜都是做上好包子的餡兒。

市場外小食店林立，煎餅的，煮餛飩的，賣麵條的，但要數人聲最鼎沸的，還是包子店。蒸籠二十多個疊起來，比半個人還要高，在寒冷的冬末早晨，不停地散發誘人的麵香氣，幾乎把市場裡超過一半的大叔嬸嬸小孩兒，都吸引過

1

來，蒸包子的鍋沒有空閒過，賣包子的雙手更一刻沒有停下來過。

一塊五買得一個熱氣騰騰的三角型甜包子，也顧不得燙嘴了，大夥正好沒吃早飯，一買十幾個，樂得馬上大啖大啖地吃，糖三角的糖漿還流沙似的呢！

「想不到你們喜歡吃包子啊，你知道，山東人不能沒有包子，家裡有老人做麵食，我都不用在外頭買，早上吃饅頭，中午吃菜肉包子，晚上吃餃子，不會厭倦的！你們想學做包子、餃子嗎？走，我帶你去我同事哪，她是膠東媳婦兒，説他老公愛吃，一星期得做好幾次包子和餃子呢！」豪爽的張曉燕是山東女子的性格，一通電話就把朋友搞定。

2

1 濟南章丘大蔥,以香甜脆聞名天下。
2 濟南菜市場太好逛,阿齋愛買菜,說起蘿蔔大蔥,更與賣菜大媽一見如故。

妻子負責和麵，丈夫負責宰魚，女兒負責準備調味，合作無間。

幸福他們仨*

「一起來包包子囉！知道你們要來，我早就和好麵，因為做包子的麵要醒半個多小時呢！來一起包吧！」楊淑蓮是典型山東媽媽的樣子，臉圓圓、面色紅通通的，性格特別的可親，她的女兒車速已經上大學了，每次女兒回家，她的三口之家就會飄起包子香。「我丈夫喜歡吃嘛！」說時，她還靦腆地笑了笑。

　「做包子我們還是第一次，真不容易呵。」阿齋拿起麵糰，有點不知道從何下手，說時，靈巧的車速已經拿麵棍，把麵糰壓成勻稱的皮，換到阿齋手上，包上水蘿蔔、大蔥和豬肉餡就行了。

「包包子最難的，是收得漂亮的口啊！」阿齋求救。「你看，一邊轉一邊捏，沒事的，慢慢來，多做幾個就好。」一會兒見阿齋果然包得愈來愈像樣，「就說我有天分嘛，包三個就好

1 楊淑蓮包的包子飽滿，菊花收口仔細，阿齋讚不絕口。
2 幾乎什麼蔬菜都可以做包子餡，大蔥、韭菜、芹菜、水蘿蔔，豬肉、牛肉、羊肉、魚肉，水蘿蔔豬肉餡則長居車家榜首。

了。」阿齋拿起手上圓圓的包子滿意地說。

「包子包好了，我們來包鱙魚**水餃吧！」鱙魚水餃是山東特有的水餃。楊淑蓮的丈夫車良民是膠東人，膠東指的是山東省境東、南、北三面環海的半島地區，包括煙台、龍口、青島等地，飲食文化跟內陸不一樣，海產豐富，善用海鮮入饌，鱙魚水餃便是其中之一。雖然不在老家，濟南市場裡多的是膠東海產。

看著整條鱙魚，阿齋忽然發現，原來山東人口中的鱙魚，就是香港的鮫魚，「這種魚我們多是煎來吃，包水餃還是第一次聽。」

「是啊，魚有腥味，我們會有花椒泡的水去腥，我老公幫我宰魚剁魚，我是不會的。」楊淑蓮説。「你知道，我們山東的大學生，學校裡同學和老師們經常一起包餃子的，很熱鬧的！」還在讀書的女兒車速自豪地説。

妻子負責和麵，丈夫負責宰魚，女兒負責準備調味，合作無間，轉眼間做出一盤精緻的餃子來。這是一家人長久以來的默契使然，山東人常説膠東媳婦難為，説的大概已經是久遠的歷史，他們仁看來幸福得讓人羨慕。

*音ㄙㄚ，意即三個。
**即馬鮫魚，台語為土魠魚。

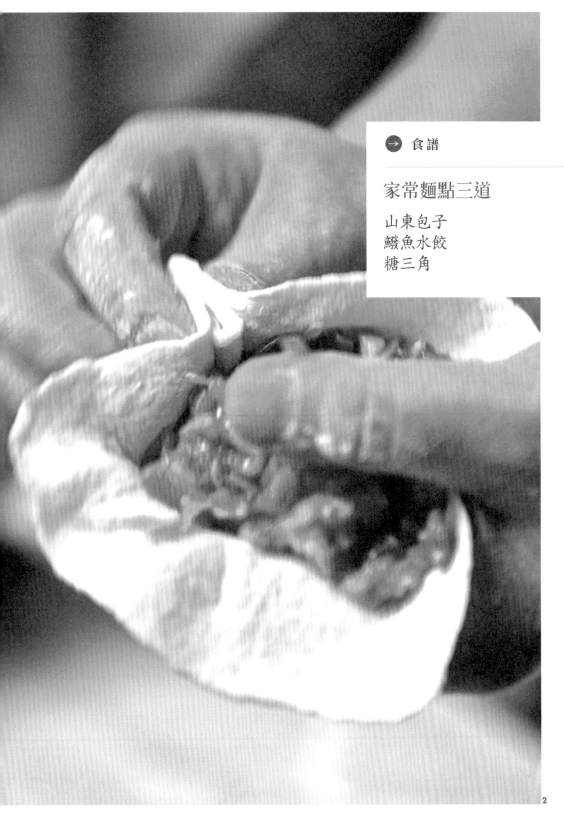

→ 食譜

家常麵點三道

山東包子
鰶魚水餃
糖三角

山東人喜歡吃包子，許多蔬菜也可以做餡料，大白菜、芹菜是常用的；濟南人還會用蘿蔔，當地有句老話說「吃蘿蔔喝大菜，氣得大夫滿街爬」。

在濟南的市場裡，找到很多不同的蘿蔔，做山東包子的餡，選用水蘿蔔或白蘿蔔皆可，山東水蘿蔔和廣東青蘿蔔是同類，味微澀但清香。

山東包子（水蘿蔔豬肉餡）。

麵皮材料

高筋麵粉｜188克*、低筋麵粉｜188克*、酵母｜1茶匙、白糖｜1湯匙

醃料

五花肉｜300克、水蘿蔔｜300克、薑｜1塊、大蔥｜1棵

肉餡醃料

鹽｜1茶匙、甜麵醬｜1茶匙、生抽醬油｜1湯匙
花生油｜1湯匙、五香粉｜少許、花椒水｜少許**

做法

1 碗裡放白糖，倒入一碗開水，使糖融化，等水涼至攝氏35度左右，加入酵母。

2 兩種麵粉過篩入一大麵碗，倒入溫的酵母糖水，用筷子攪拌均勻。

3 把攪勻的麵粉揉成不粘手的光滑麵糰，收圓放進大碗裡，蓋上保鮮膜，靜置1小時至發酵完成。

4 麵糰發酵時，將五花肉洗淨瀝乾，切成肉丁，放醃料拌勻，醃半小時。

5 水蘿蔔洗淨、削皮，刨成絲，汆燙去澀味，待涼再把水擠掉。

6 蔥和薑洗淨，切絲，與熟蘿蔔絲拌入醃好的肉丁，成肉餡。

7 取出發好的麵糰，灑少許乾麵粉，再揉成不粘手的麵糰。

8 麵糰分成幾份，搓成棍狀，然後切成小塊，每塊約38克重。

9 每塊小麵糰搓圓，再擀成中間厚、邊緣稍薄的圓形麵皮。

10 麵皮中間放上半匙肉餡。

11 右手食指、拇指向前提推，邊轉邊包攏，將小麵糰收成菊花型包子狀。

12 蒸籠裡鋪上濕棉紗布，放入做好的包子，靜置15分鐘醒麵。大火把水燒開，醒好的包子連同蒸籠，進鍋裡蒸15分鐘。

13 蒸好後關火，不要開蓋，燜5分鐘起鍋即成。

*高筋麵粉混合低筋麵粉，做出來的包子勁道比較好。
**花椒和清水以1:10的比例，煮至燒開，泡一晚即可存起來使用。調味時，只用水不用花椒，去腥之餘，有花椒香卻不會麻。

濟南。哈爾濱。西安。

● 鱢魚水餃是山東膠東沿海一帶特產。鱢魚即香港的馬鮫魚，皮銀色，肉厚而甜。山東人冬天吃水餃，喜歡配臘八蒜一起吃。

臘八用米醋泡去皮蒜瓣，裝入小罈封嚴。除夕後蒜瓣況好時，顏色湛青翠綠，蒜的辣，醋的酸香，融在一起，配水餃最好吃。

鱢魚水餃。

餃子皮

　　麵粉｜380克、鹽｜1茶匙、清水｜188毫升

餡料

　　鱢魚(土魠魚)｜2條，3000克、韭菜｜1小把、薑｜1小塊

肉餡醃料

　　鹽｜2茶匙、花椒水｜2湯匙、花生油｜4湯匙

　　麻油｜2湯匙、啤酒｜3湯匙

做法

1　大麵碗裡倒入麵粉和鹽拌勻，加入涼水，揉成光滑麵糰，蓋上蓋子發30分鐘。

2　鱢魚請魚販代為宰好，去鱗及頭尾，洗淨瀝乾。

3　刀鋒沿著主骨片出上下兩片魚身，斜刀將魚皮剝走。

4　魚肉用刀剁碎，一邊加入薑汁一邊剁到細膩均勻。

5　調入花椒水、鹽和薑汁，邊加邊攪拌，直到餡呈糊狀，再倒入花生油和麻油拌勻，蓋保鮮膜，醃20分鐘。

6　韭菜摘洗乾淨，切碎，加入餡中拌勻。

7　發好的麵糰揉成長條，切成幾個等份，搓成直徑3公分的圓球，再擀平成餃子皮。

8　包入半匙的餡，餃子皮邊緣沾濕捏緊收口。

9　湯鍋注入清水大半鍋，大火燒開後放入餃子，攪動使餃子轉起來，以防粘鍋。

10　蓋上鍋蓋，大火煮沸，再添一碗冷水，繼續蓋上鍋蓋煮，連續三次左右，打開鍋蓋，見表皮鼓起有彈性，即可起鍋。配陳醋或臘八蒜食用。

● 糖三角是一種三角錐形的包子，是山東小孩最愛吃的傳統包點之一；內餡是紅糖，蒸好時，一咬會流出糖汁，香甜美味。

糖三角。

麵皮材料

高筋麵粉｜380克

酵母｜1茶匙

白糖｜1湯匙

餡料

片糖碎｜300克

做法

1　碗裡放白糖，倒入一碗開水，使糖融化，等水涼至35度左右，加入酵母。

2　麵粉過篩入一大麵碗，倒入溫的酵母糖水，用筷子攪拌均勻。

3　把攪勻的麵粉揉成不粘手的光滑麵糰，收圓放進大碗裡，蓋上保鮮膜，靜置1小時至發酵完成。

4　取出發好的麵糰，灑少許乾麵粉，再揉成不粘手的麵糰。

5　麵糰分成幾份，搓成棍狀，然後切成小塊，每塊約38克重。

6　每塊小麵糰搓圓，再擀成直徑10公分的圓形麵皮。

7　將1茶匙片糖碎置於麵皮中央，包成三角形，捏緊邊緣。*

8　蒸籠裡鋪上濕棉紗布，放入做好的包子，靜置15分鐘醒麵。

9　大火把水燒開，醒好的包子連同蒸籠進鍋裡，蒸15分鐘。

10　蒸好後關火，不要開蓋，燜5分鐘起鍋即成。

*捏時可再沾水保持黏性，確實包緊才行，否則會漏餡。

濟南。哈爾濱。西安。

魚片好後，垂直拿起，魚片必須全部平衡。歐陽應霽讚賞有加。

太極手中 鯉魚躍

是態度，不是速度，刀鋒從容，
魚身起片…油花如浪，一躍成型，金黃悅目；
醋溜一澆，酸香微甜，外焦內嫩。

「我們從拍攝炸好鯉魚那一刻，到吃的
這一刻，已經過了兩個半小時，魚身不
塌，竟然還那麼好吃。」私房菜「乾舜
食府」主廚密榮祥師傅的高超廚藝，讓
「見多吃廣」的阿齋覺得訝異不已。

糖醋鯉魚是魯菜的代表菜，屬於典型
的炸溜菜。所謂炸溜，就是在高溫炸好
魚肉以後，在最熱的情況下溜汁，醋汁
一澆，酸甜味會馬上滲入魚身表層，成
為外面焦脆入味，內裡鮮嫩的效果。

糖醋鯉魚也是每家大型山東菜館必備的
名菜，做得好不好，體現大廚的魯菜功
底。而密榮祥的上乘功夫得來不易。
「對炸鯉魚，我是情有獨鍾的。」說起
學做糖醋鯉魚的過去，密榮祥確然經過
一番苦練。

濟南。哈爾濱。西安。

1 密榮祥師傅做黃河鯉魚已入化境，隨便幾刀，魚肉片片起舞。
2 3 糖醋鯉魚最難的部分在於掌控油溫和定形。

「當年我眼見師傅炸鯉魚炸得很漂亮，一直很想學會，常常想，什麼時候我才炸得這麼好呢？實習的時候是在遼城，我的家鄉，就在山東西面，當時婚宴一家餐廳要做幾十桌，大師傅都不願意做這個菜，因為辛苦呀，我主動提出要做，他就讓我做了，大概半年吧，有炸了上六百條魚。當時這樣慢慢的，幾十桌、幾十桌的練下來，一桌一條，幾十桌就是幾十條，哪怕當時炸壞了一些，炸壞了又怎麼辦呢？扣掉我的工資。後來我終於成功了，現在做這個菜，很輕鬆了。」

「當然，如果是在家裡做，不用講究魚一定要有鯉躍龍門的形狀，用厚身的魚肉去做，會簡單一些。」阿齋問密榮祥當年到底受了多少苦，他才說出，幾乎胳膊、手臂、眼睛都被濺起的油弄傷過。

這是必然的，雖然鯉魚已經掛上漿，但炸魚的過程速度很快，馬上要定型，用鐵筷和湯勺幫忙，也要一定的功底才做得好，幾分鐘以內，魚躍的形態定不了，就注定失敗。

是態度，不是速度，刀鋒從容，魚身起片，一面如另一面的鏡子，雙生，平衡；力量，從捏在魚尾交叉點上輸進魚身，油花如浪，一躍成型，金黃悅目；醋溜一澆，酸香微甜，外焦內嫩。

鯉魚成弓躍然桌上，密榮祥炸的糖醋鯉魚有一種無以名狀的力量。一問之下，

1

2

1 密師傅説，學太極讓下廚動作更優美從容，阿齋也想學學。
2 奶湯鯽魚。

方知密榮祥還習武，太極功底還頗深。

「怎麼一個廚師會練起太極拳呢？」阿齋探問。「事緣是有一個朋友跟我很好，但我一直不知道他會太極，後來才知道他是來自河南陳家溝的一位師傅。好不容易，他終於答應教我，已經練了十多年。」

大廚學太極，做菜與功夫，看似風馬牛不相及，卻有互通之處；太極講究陰陽，講求平衡，燒菜亦如是。密榮祥學了十多年，廚師的病痛一掃而空，過去憋氣，現在氣順，身體好了，甚至做菜的動作也更優美。「其實會太極拳的人，基本功打好後，很多動作會相通，一個是掌握技巧，一個是力量，從前做

起來會很累，現在變得從容自在。」

奶湯牽成忘年交

從十多歲學廚至今，二十多年來，做菜已經成為密榮祥表達情感的一種載體。

阿齋好奇，他對廚藝的熱忱是從什麼時候開始，以前中國資源有限，往時吃的究竟是什麼。「我從小喜歡吃，從小在山東西面的遼城，比如説當年的河水是可以喝的，很清甜，小時候在河裡抓來的魚，回家會放點花椒呀，鹽呀，就叫母親蒸給我吃。或者在野地打些麻雀，會糊上泥巴直接燒來吃，小孩就是很有想像力，喜歡什麼都嘗試做做。」有悟性，但沒有僥倖，密榮祥是苦學成家的

1

類型。

密榮祥喜歡研發新菜，自己創作，傳統魯菜裡有很多養分值得深究，像奶湯鯽魚。阿齋沒到濟南以前，曾聽說奶湯鯽魚是當地孕婦產後養身的湯，殊不知此湯不獨女性專美，對養生尤有益處；密榮祥自創加入雙參而成的鯽魚煲，湯醇厚、味甘美，還令他與書法家武中奇成為忘年之交。

「武中奇，武老是中國有名的書法家。他早年很喜歡吃我做的菜，更喜歡我煲的湯，就是奶湯，骨頭湯。原本的奶湯是不加中藥的，後來武老年齡愈來愈大，身體不好還住院，當時我查了一下藥膳，就把西洋參、紅參加進去，配上其他藥材加入熬好的骨頭湯和鯽魚，做好給他送去醫院。武老喝了，身體舒服多了，他親自送給我一幅寫上『飄香』二字的字畫，當年日本人從東京跑到南京向他求，他也不寫呢。」

以十五斤豬肘子和腿骨，二十斤水，熬八個多小時而成乳白奶湯，加入藥材和鯽魚進去，湯色厚重，遠近飄香，難怪老人家喝了舒服。說起往事，密榮祥感慨不已，武老前幾年九十多歲走了，一道雙參鯽魚煲遂成為他念記前輩的湯餚。

乾舜食府
中國山東省濟南市舜耕路217號
查詢：86-0531-85207766

● 據稱，糖醋鯉魚源於山東濟南黃河邊的洛口鎮，鯉魚經高溫油炸，再以糖醋汁溜成。

密師傅說，做這道菜難度很高，在家裡可以做成魚塊，魚沒有那麼難炸，油也可以少用一點。

糖醋鯉魚。

材料
鯉魚｜1條，約715克的重量最佳

糖醋汁調味料
蒜末｜適量、**陳醋**｜38克、**白糖**｜113克、**太白粉**｜少許

醃料
黃酒｜2湯匙、**鹽**｜少許

上漿用料
麵粉｜113克、**太白粉**｜113克、**清水**｜113克

做法
1　魚身兩側平均用刀平割七刀，於魚尾劃小十字刀用以使力。*
2　撒以黃酒和鹽，稍醃魚肉。
3　麵粉、太白粉加清水和好調勻麵糊**，然後放入整條鯉魚上漿。
4　大火燒熱花生油至快冒煙。
5　把魚放進去炸，用長筷子及大湯勺一夾，使之成弓形，30秒鐘左右定型。
6　續炸大約4分鐘，中途用勺把油淋在魚身上炸，炸至酥脆金黃，起鍋瀝油裝盤。
7　馬上準備糖醋汁，先用油煎香蒜末，然後加入陳醋和白糖。
8　加一勺開水、少許太白粉勾芡，馬上把糖醋汁澆上魚身，即可上桌。

*魚片好後，垂直拿起，魚片必須全部平衡。
**麵糊一定要均勻，不能起疙瘩，疙瘩裡有水分，進滾油裡會噴，必須小心處理。

濟南。哈爾濱。西安。

「廚師的湯，唱戲的腔」，魯菜精於製湯，北魏時期著成的《齊民要術》中已有魯人製湯的記載，魯菜的湯有「清湯」、「奶湯」之別，奶湯呈乳白色，湯甜醇香。

雙參奶湯鯽魚。

材料
豬骨｜2400克*、西洋參片｜4克
紅參片｜4克、黨參｜38克、天麻｜38克
百合｜38克、薏米｜38克、淮山藥｜38克
枸杞子｜38克、北芪｜38克
鯽魚｜1條，600克

調味料
鹽｜2茶匙

做法
1 清水泡淨豬骨，汆燙洗淨。
2 高身大湯鍋注入半鍋清水，大火燒開。
3 放入豬骨，加蓋以文火熬，期間注意要撇清湯面浮沫，熬4個小時至湯色乳白。
4 把全部藥材放進去，續熬一個半小時。
5 鯽魚請魚販代為宰好刮淨。
6 出鍋前3分鐘，把鯽魚放入湯內煮3分鐘，加鹽調味即可起鍋。

*密師傅的版本是15斤豬肘子骨和腿骨，以20斤清水熬8個小時，家用酌量減少至三分之一。

● 山東菜中用的海參，多為膠東刺參，與香港普遍的越南海參不一樣，不需燒過再發，主要以清水反覆浸發，再煨湯而成；濃香滑潤配香脆嫩甜的山東優質大蔥，是山東廣為流傳的名菜。

蔥燒海參。

材料

膠東刺參｜2條、**大蔥**｜2棵

調味料

八角｜2顆、**鹽**｜少許

煨湯材料

老母雞｜1隻，約1800克、**大蔥**｜1棵、**薑**｜1片、**黃酒**｜2湯匙
生抽醬油｜2湯匙、**老抽醬油**｜1湯匙

做法

1　提前四天發海參，選擇肉質好，刺飽滿的海參。
2　用溫水泡開，把裡面的沙腸污物清理乾淨。
3　泡開後用純淨水煮開，關火冷卻，然後用清水再次洗淨。
4　重複煮和冷卻的步驟三至四次。*
5　直到海參變軟，放進冰水裡，上面鋪一層冰，大概零下一度，海參會開始發大。
6　老母雞宰好洗淨，放入大湯鍋，清水注入至淹過全雞。
7　放入蔥、薑及黃酒，大火燒開再文火續煮2小時，瀝渣留湯。
8　舀兩勺雞湯，調入生抽和老抽煮熱，放入海參，小火煨15分鐘，盛起裝盤。
9　大蔥洗淨，瀝乾切段。
10　大火燒熱油，先放八角炸香撈走。
11　蔥段放入八角油中炸香，撈起蔥及蔥油。
12　另外滷海參的湯煮稠，放少許鹽，再用太白粉水勾芡，澆在海參上。
13　最後再澆上大蔥及蔥油即可食用。**

*好的海參大概需重複煮三至四次，每次煮幾分鐘，冷卻要幾小時。
**海參和大蔥是分開獨立來燒的，大蔥在出鍋前才放在海參上，可以保持大蔥的嫩度。

濟南。哈爾濱。西安。

● 松子香蘑是傳統魯菜，油溫必須掌握得準，松子才炸得香脆而不焦，蘑菇必須先以雞湯煨好，吃來方香軟入味。

松子香蘑。

材料
　松子仁｜150克
　白蘑菇｜150克
　青江菜｜150克

調味料
　雞湯｜2碗
　薑油｜1碗
　蠔油｜1湯匙
　生抽醬油｜1湯匙
　太白粉水｜少許

做法
1　白蘑菇洗淨放入湯鍋，以雞湯小火煨25分鐘起鍋，待涼切片。
2　青江菜摘好洗淨瀝乾，用油鹽水煮熟排在盤子邊緣。
3　鐵鍋中放點花生油，放入蘑菇，倒入蠔油及生抽略炒。
4　待蘑菇汁燒至略稠，加太白粉水勾芡起鍋。
5　花生油燒至四成熱，倒入松子仁炸至金黃色，撈起瀝油。
6　松子仁直接灑在香蘑上即成。

● 肘子是魯菜當中，一道比較具有特色的菜，選用豬腳後腿運動量最大的腱肉，加上豬肩上最厚的豬皮製成，是一種北方常見的涼菜；膠質豐富，有嚼勁而不膩，以蒜泥和生抽蘸來吃，風味最佳。

水晶肘子。

材料

豬肘｜1隻（宜用豬腳）、淨豬皮｜300克

調味料

薑｜1塊、蒜｜半顆、大蔥｜1棵
花椒｜1湯匙、黃酒｜2湯匙
鹽｜1茶匙、麻油｜1茶匙、醋｜1茶匙

做法

1　豬肘以清水浸泡2小時，用利刀刮淨豬皮上的殘毛及污垢，剔去主骨。

2　用清水洗淨豬肘肉，用刀將豬皮及瘦肉分割，丟棄多餘脂肪。

3　肘子瘦肉洗淨，用鹽醃一醃。

4　大蔥切段，半塊薑切片，另外半塊薑剁成碎末，蒜剁成茸，備用。

5　豬肘瘦肉加蔥段、薑片和花椒汆燙，撇清血沫，煮至六成熟撈起備用。

6　淨豬皮，用利刀刮去殘毛，刮去脂肪，和豬肘皮一起加蔥段、薑片汆燙，撈起洗淨切片。

7　湯鍋中注入大半鍋清水，放入豬肘皮和豬皮片，以中火煮至完全融化，約2小時。

8　豬皮和肘子一起煮45分鐘至融在一起，撈起冷卻。

9　放入冰箱冷藏2小時即成。

10　將豬肘凍切片，蘸以薑末、蒜茸、麻油和陳醋調勻的醬汁食用。

濟南。哈爾濱。西安。

● 密榮祥師傅說，山東人喜
吃丸子；這道菜他稍微改
良創新，在肉丸外表裹一
層炸過的瑤柱末，口感層
次更豐富。

瑤柱翡翠圓。

材料

雞腿肉｜2隻（或雞脯肉）
瑤柱（干貝）｜75克
西蘭花（青花菜）｜1棵

調味料

蛋白｜1顆、**鹽**｜2茶匙
花生油｜1湯匙
麻油｜少許
花椒油｜少許

做法

1 瑤柱提前一天以清水泡軟，第二天倒去水分，瀝
乾撕成細碎，鋪平於盤上備用。

2 雞腿去骨、皮及筋，肉切碎剁成細末，下鹽、花
生油、麻油和花椒油，醃半小時。

3 雞肉碎末裡調入1顆蛋白，拌勻搓成湯圓大小的
肉丸。

4 將肉丸放在瑤柱盤裡滾動，使之裹勻瑤柱碎末。

5 鐵鍋倒入花生油，燒至六成熱，放入瑤柱肉丸炸
熟，起鍋瀝油裝盤。

6 西蘭花摘好洗淨，以油鹽水燙熟，調入少許花椒
油，擺盤於肉丸邊緣即可。

千佛山下 脆藕甜

明湖脆藕是陳敏家的名菜；看她試菜，你會覺得吃藕的文化，
在濟南幾乎已經成為一種信仰。

「黑乎乎、黏乎乎、油乎乎」是許多人對山東菜的刻板印象；如果你曾走進北京的山東菜館，這種想法更是揮之不去。然而，真正的山東菜並不是如此。

只要碰上一個濟南人，他對山東菜的狂熱，對正宗魯菜的執著，會讓你澈底改觀，就像陳敏。陳敏在十多年前開始做家常菜，明湖脆藕是她家的名菜；看她試菜，你會覺得吃藕的文化，在濟南幾乎已經成為一種信仰。

「脆藕吃的是水藕，必須未曾斷水，水面那幾截旱藕不能用，就中間在水裡的才脆才嫩，光從顏色就能分辨出來。水藕短粗白，旱藕會有點黑。」廚師做好的第一碟沒有過關，第二碟才得到陳敏的肯定：「剛才那碟一看就不好吃，這個一吃下去，就對板了。單從顏色來看，這個汁夠稠，味道也足。剛才的藕不行，這個藕才甜，兩截藕看起來區別不大，但嘗得出來不是一個地裡出來。」

阿齋說，沒有比較，根本不知道第一碟脆藕不好，只以為濟南菜本應如此；陳敏對藕的講究，令他也為之嘆服，「南方的藕用來煲湯的多，吃脆藕，還是濟南人在行。」

濟南的水好，即使城裡的大明湖已經不可採藕，周邊的湖泊泉水還是孕育出優

1

1　蓮藕切好後，泡白醋水可以防氧化變黑。
2　炒脆藕切法與煲藕湯的老藕不一樣，要橫著與藕孔垂直切才脆。

質的白蓮藕，肉肥質嫩，水多甜脆。蓮藕要橫切，順着藕孔來切才爽脆。

一道明湖脆藕，食材好還不夠，調味還要像陳敏說的，「到那個點上」。麻汁*、醬油、陳醋缺一不可，大蔥、乾辣椒、花椒提香，而不可喧賓奪主。脆藕吃來，第一重是花椒、乾辣椒和大蔥的辛香，卻不嗆鼻；第二重是麻汁香，味足卻不膩口；最後是蓮藕原來的甜脆爽口。

材料簡單，卻味道深邃，這才是山東菜真正該有的度。

難忘家常味

山東人愛家，濟南人尤甚。陳敏之所以經營家常菜，是因為懷念母親和外婆的手藝。

「山東人走到哪裡，到湖北，到河南，到廣東，最忘不了的，還是媽媽小時候給我們做的味道，像我回憶的味道就是媽媽的味道，想起記憶最深刻的，還是媽媽或者外婆做的味道。說起我做的家常菜，從1998年開始，已經十多年了，我一直追尋的根源，就是媽媽菜的感覺。」

說起她的家常菜陪伴客人的小孩長大，陳敏很開心。

在阿齋眼中，家常菜的食材總是比較簡單，烹調方法也沒有那麼複雜，換成餐館裡應如何呈現，是一個難題，但陳敏自有一番見解。

「作為家常菜，應該把最簡單的食材造出最家常的口味，吃這道菜應該喚起小時候的感覺。簡單如剔骨肉拌黃瓜，這是山東人喜歡的一道涼菜；在家裡，黃瓜和剔骨肉都很簡單，要做得好只有不馬虎。醬油、醋、麻油、蒜泥雖然是很簡單的材料，但你要把它們融合起來，醬油的鹹，醋的香酸，不能太多，不能過少，比例拿捏得準，味道自然濃厚，得到幾代人的喜歡。」

濟南。哈爾濱。西安。

1

1 陳敏用心做家常菜，生意愈做愈好，最近更在千佛山上開設私房菜。

2 剔骨肉拌黃瓜是陳敏的媽媽菜，也是所有濟南人的。

剔骨肉也是山東母親情感的表現，為了無微不至的照顧孩子，豬腿骨用香料滷熟，再剔去大骨，把肉撕成塊，拌入拍黃瓜**、蒜泥和醋，酸香滲入黃瓜包裹滷肉的滋味，陪伴着幾代濟南人的成長。從前是陳敏的外婆做給她吃，現在是她的餐廳做給許多濟南孩子吃。

陳敏的家常菜甚至成為許多年輕家庭的飯堂，她因此見證許多孩子成長。阿齋稱許堅持做家常味的陳敏，過盡千帆，走得多遠也好，家的味道是人心根本，怎麼也忘不了。

*即芝麻醬，或是麻油為基調的醬汁。
**拍扁黃瓜再切段。

陽光家常菜
山東省濟南市千佛山路9號
查詢：86-0531-82662200

● 明湖藕是濟南名產，因其色白又名「白蓮藕」或「水晶藕」，迄今已有幾千年的歷史文化，與蒲菜、茭白被譽為「明湖三美」。

白蓮藕脆嫩清甜，可生吃亦宜做菜，以山東人喜愛的芝麻醬炒來吃，分外美味。

明湖脆藕。

材料

蓮藕｜1截*、蔥白｜1棵、薑｜1小塊
花椒｜數顆、乾辣椒｜2隻、荷葉｜1張

調味料

醬油｜1湯匙、陳醋｜1湯匙半
芝麻醬｜3湯匙、花生油｜3湯匙
白糖｜少許、鹽｜少許

做法

1　蓮藕洗淨削皮，順著藕孔橫切成小塊備用**。
2　清水燒開，燙熟藕塊，過冷水，瀝乾。
3　鐵鍋以中火燒熱1湯匙的花生油，加入醬油、陳醋、芝麻醬炒勻兌成汁。
4　放入藕塊炒勻，最後加入白糖和鹽調味起鍋，放在洗淨擦乾的荷葉上。
5　蔥白及薑洗淨切絲，乾辣椒洗淨抹乾剪段，擱在藕塊上。
6　鐵鍋洗淨抹乾，倒入兩匙花生油及花椒，大火燒至花椒香味盡出，濾去不要。
7　趁花椒油滾燙，澆在蔥、薑、辣椒乾上，拌勻即可。

*選蓮藕要選水藕，短粗白的才脆嫩，皮上見黑點的是旱藕，是斷了水的，不適合用來炒。
**切好的藕塊宜泡進加入少許白醋的清水，防氧化變黑。

剔骨肉是指從剔走主骨而來的豬肉，像北方的醬骨或南方煲湯裡的豬骨亦可，撕成小塊，拌入拍黃瓜、蒜泥和陳醋，是濟南人人愛吃的涼菜。

剔骨肉拌黃瓜。

材料

豬腿骨或脊骨｜300克、小黃瓜｜1條
蒜頭｜半顆、薑｜1塊、八角｜數顆
桂皮｜1條、小茴香｜1湯匙
老抽醬油｜1湯匙、生抽醬油｜2湯匙

調味料

陳醋｜3湯匙、醬油｜2湯匙、麻油｜1湯匙
鹽｜1茶匙、白糖｜1茶匙

做法

1　將豬骨洗淨，置清水中浸泡1小時，中間換水一次。

2　泡淨豬骨用清水沖洗乾淨，放入滾水鍋中氽燙備用。

3　大鍋中注入清水淹過豬骨，加入生薑、八角、桂皮、小茴香、老抽，生抽。

4　大火燒至湯滾後，撇清浮沫，轉小火加蓋燜煮至剛熟，約半小時。

5　撈出待涼，把主骨剔走*，豬肉撕成細塊。

6　黃瓜洗淨切成菱形塊，蒜頭拍碎剁成茸，與剔骨肉調勻。

7　最後加入陳醋、生抽、麻油、白糖拌勻即成。

*豬骨剔出來，可以留下來熬高湯。

● 源自魯菜傳統名餚鍋燒鴨，特點是外酥內軟，香醇不膩。此菜以製作滷水最為關鍵。「陽光家常菜」改良老方法，易名「革新稻草鴨」，選用稻的有機鴨子，皮薄脂肪少，去掉油炸的部分，減少油膩感，加入天目山筍乾，筍香令鴨肉層次更豐富。

革新鍋燒鴨。

材料

　麻鴨／米鴨 | 淨重600克

　天目山筍乾 | 75克

　小蔥 | 數棵、紅椒 | 2個

滷水料

　八角 | 數顆、桂皮 | 1條、香葉 | 3片

　小茴香 | 數顆、草果 | 數顆

　乾辣椒 | 數個、花椒 | 1湯匙

　南薑 | 少許、生薑 | 1塊、大蔥 | 1棵

　生抽醬油 | 半碗、老抽醬油 | 半碗

　黃酒 | 2湯匙

做法

1　天目山筍乾提早半天以大量清水泡軟，備用。

2　滷水料先氽燙後，放入煲魚袋做成香料包。

3　鴨子洗淨，氽燙，用竹網固定。

4　薑不去皮洗淨，拍一拍，陳皮和大蔥洗淨切段，與滷水料放入鍋中大火燒開。

5　放入鴨子，用中火燜一個半小時，至酥爛入味，撈起，除去竹網，剔走主骨。

6　筍乾切絲，加入一勺滷鴨的湯汁炒熟，撈起瀝去湯汁，放入鴨內。

7　小蔥洗淨切段，放於炒好的筍乾上，最後澆上燒開的花生油一匙即行。

濟南。哈爾濱。西安。

栽種黃豆芽非常簡單，由種子到長成只需一個星期，將之浸泡於清水中即能生長，不需添加任何肥料。陳敏說，現在大量生產的黃豆芽都經過化學催生，應找可靠店家，購買自然生長的才好。

家常黃豆芽。

材料

黃豆芽｜300克

豬肉絲｜150克

粉條／粉絲｜適量

乾辣椒｜數個

大蔥｜1棵、薑｜數片

醃料

生抽醬油｜1湯匙、黃酒｜1湯匙

鹽｜少許、太白粉｜少許

調味料

老抽醬油｜1湯匙、白糖｜少許

做法

1 黃豆芽摘好洗淨，瀝乾備用。

2 薑、蔥洗淨，切絲備用。

3 肉絲用鹽、生抽、黃酒、太白粉拌勻，醃15分鐘。

4 湯鍋注入清水，燒開煮熟粉條，撈出瀝乾。

5 鐵鍋燒熱花生油，黃豆芽先過油，盛起。

6 鍋底留下1湯匙油，下乾辣椒、蔥、薑煸香，再放肉絲炒熟。

7 倒入粉條、醬油和少許白糖，炒勻即可。

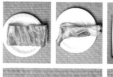

酥
鍋
。

● 酥鍋是老濟南人過春節必備的家常菜。他們管做酥鍋就叫「打酥鍋」，有朋友來了，熱了酥鍋，海帶卷、五花肉、鯽魚、蓮藕取出來，熱食涼食皆宜。

傳統做法是把材料一層層放進砂鍋，加大量陳醋以文火慢燉上一夜。當地人還講究，非本地出產、有三百年歷史的濼口陳醋不用呢！

材料

豬手骨（豬腳的前蹄骨）| 1根*、五花肉 | 300克、海帶 | 600克、蓮藕 | 1截
有衣花生 | 188克、豆腐 | 1塊、大白菜 | 半棵

調味料

薑絲 | 適量、大蔥 | 適量、花椒 | 1湯匙、八角 | 數顆、香葉（月桂葉）| 數片
冰糖 | 225克、濼口陳醋 | 188克、生抽醬油 | 150克、鹽 | 1茶匙
花生油 | 1湯匙、麻油 | 1湯匙、白酒 | 1湯匙、清水 | 600毫升

做法

1　海帶浸泡一天，反覆洗淨備用，花生浸泡好去紅皮。
2　帶肉豬手骨及五花肉，用開水煮透，洗淨血沫待涼備用。
3　蓮藕洗淨去皮，切成塊，大白菜洗淨瀝乾，摘成一片片的葉子。
4　魚請魚販代為宰好，洗淨瀝乾，用花生油炸熟備用。
5　豆腐切成厚片，用花生油略煎備用。
6　五花肉切片，用海帶捲成卷。**
7　蔥洗淨切段，薑洗淨切塊，花椒、八角、香葉洗淨，用煲魚袋包好。
8　準備湯鍋煮調味汁：放入蔥、薑、鹽、醬油、冰糖、醋，加清水攪勻，燒開調味。
9　準備大湯鍋（最好是砂鍋），先橫放豬骨墊底，然後放香料包，舀一勺調味汁。
10　依次鋪上蓮藕、海帶卷、鯽魚、花生、豆腐，每鋪一層都要舀上一勺調味汁。***
11　鋪滿後，一片一片鋪上白菜，最後把剩下的調味汁澆遍材料。
12　大火燒開，從冒氣開始改用小火，蓋上蓋子煮8小時。****
13　起鍋前，倒入麻油，蓋上蓋子燜15分鐘就好。
14　把材料撈起，待涼切片，即可食用。

*豬手的皮肉可用來做別的菜，酥鍋只用帶少許肉的主骨，起墊底和熬湯的作用。
**五花肉的肥膩被海帶吸收，味道融合起來會很好吃。
***每一層要鋪得緊實一點，煮時才不會塌下變型。
****如沒有時間，用高壓鍋（快鍋）做，一個半小時就好。

濟南。哈爾濱。西安。

油旋。

● 濟南油旋歷史悠久，相傳是在清朝時期，有徐氏三兄弟從南京學來油旋的做法。

原本南方人口味的油旋是甜的，三人根據北方口味將其改為鹹香，加入蔥末燒製，因蔥香濃郁，層次分明，外酥內嫩，至今仍備受歡迎，成為當地著名的傳統小吃。吃油旋時，濟南人多半喜歡配上一碗小餛飩。

材料

精麵粉 | 488克

清水 | 263克

熟豬油 | 38克

大蔥 | 1棵

花生油 | 38克

鹽 | 2茶匙

做法

1 清水煮開待涼成溫水，與麵粉、1茶匙鹽調勻，搓成軟麵糰，蓋上蓋子，靜置2小時。

2 大蔥洗淨剁成細末，與豬油調勻成蔥油泥。

3 麵糰分成10個等份，擀成薄長片，於其上抹一層花生油、1茶匙鹽、蔥油泥。

4 將麵片從頭捲起，約數十圈，邊捲邊抹花生油，至成螺旋形圓柱。

5 立起麵卷，捏一下頂端，按扁成餅狀，於表面抹一層花生油。

6 燒熱油鍋先煎烙30秒，反轉再煎30秒，重複四次至熟透轉金黃色。

7 趁熱於餅凹一面拍一下，拍鬆使之成螺旋形即可。

PART 2

哈爾濱。

凜冽濃郁

索菲亞大教堂的燈影裡，許多故事在哈爾濱百年歷史裡拉開序幕，又悄然閉幕。

哈爾濱之冬冷峻華美，
松花江冰面如白花。

2

甫下飛機，野外的颯颯寒風馬上吹醒南方過客，提醒這是中國東北黑龍江。

南方已然暮春，冬末哈爾濱卻仍然寒冷，待在這裡的，必須是鐵骨錚錚的壯漢；白天仍只有零下十一度的氣溫，大夥不遠千里帶來羽絨外套、羊毛靴子，果然派上用場。

歐陽應霽（阿齋）不曾到過哈爾濱，對於東北吃食，大約知道一些梗概。沒想到初次走入這百年歷史的城市，尋找美食的路上，遇到兩位讓人畢生難忘的東北漢子：清代官廚第四代傳人鄭樹國，以雙手重現百年前哈爾濱輝煌的官府菜；中俄混血兒胡泓，親手打造小巧高雅的俄式餐廳，端來百年前俄國貴族的家庭菜。

一道菜一個故事，跟阿齋一起，用味蕾嘗盡冰封北國沉澱百年的滋味。

1 哈爾濱道外區的寒冬早晨，穿戴厚重的市民駐足小吃攤前。
2 「里道斯」和 「列巴」是哈爾濱人常吃的俄式美食，即俄式紅腸和麵包，以秋林里道斯的出品最傳統地道。

西伯利亞吹來寒風，
細語往事如煙。

松花江畔眺望冬季完結前最後一抹雪白。

俄式紫砂咖啡壺，銅製火鍋，老廚家第四代傳人鄭樹國，向阿齋娓娓道來鄭家百年的故事。

飄香百年 官府菜

哈爾濱菜有京東幫京菜，有山東魯菜，
有滿族的，也有漢族的，非常的豐富，
但就像散落的珍珠，
鄭家是一條線，把它們串連起來。

東北嚴寒，當地人嗜煙、愛烈酒幾乎是
常態，鄭樹國卻不煙不酒，是東北人中
的異類；只因鄭家嚴禁煙酒，以防傷及
味蕾，為的是堅守東北官府菜的靈魂。

「我家的廚藝發展史，可以說與哈爾
濱這個城市共生。1907年哈爾濱設置政
府，我的曾祖父鄭興文，由北京被邀請
到哈爾濱道台府當官廚。」

初見鄭樹國，他的舉手投足之間有種與
眾不同的氣質，令阿齋對他的身世很好
奇。見面時，他還把家裡的寶物一一找
出來，其中一件正是他爺爺寫的《京魯
菜譜》。

「您從小是聽故事長大的，面前這本舊
菜譜有什麼故事呢？為什麼是京菜？」
阿齋問道。

1

「這本其實是我爺爺鄭義林根據我太爺鄭興文的日記,整理出來的一百道京菜。至於為什麼是京菜,其實是因為我們鄭家是滿族正藍旗。」鄭樹國的太爺原來一直跟父親在北京做茶葉生意,從小跟着父親走南闖北,對美食產生了興趣,對做菜到了一個痴迷的狀態,不想做生意而想學做菜。

但他的想法遭到家人猛烈反對,因為滿族是貴族,去學侍候人的手藝是給旗人丟臉。鄭太爺很執著,後來家人終於同意;但為了不讓他跟下九流的人打交道,要學,就要給他找一個高雅的地方,就通過關係,送他到北京恭親王府,跟著官廚學廚藝。學成以後,他從恭親王府出來,在北京東華門南池子開了一家風味餐館,叫「老廚家真味居」。

「太爺做的皇家口味受到食客喜歡,生意非常好。後來關門了,原因是當時新來的伙計得罪了大太監小德張,他把一碗寬心麵臥果,就是荷包蛋麵,上錯檯位了。其實上錯檯面不是什麼大事,問題是他說錯話,您這麵還有兩個蛋,那就犯了大忌,他的臉都氣白了,就把店給砸了。當時家裡人說,怎麼辦呢?得罪這樣個人,咱也擺不平,就把店停下來了。」

後來,鄭家幸而有親戚在黑龍江當官,鄭太爺還可以繼續當廚師的理想,到哈爾濱道台府做官廚,還把京菜帶到哈爾濱。

1 老廚家的牆上掛著不少道台府過去宴請的照片。

2 清政府於1911年為表揚鄭太爺精湛廚藝,曾賜一黑底黑字的牌匾,
　上書「濱江膳祖」,即哈爾濱的膳食始祖的意思。

鄭樹國做酥黃菜時專注不二。

清朝衙門FUSION風

事實上，當年北京並沒有菜系，京菜是從早期的魯菜發展而成。

山東菜到北京以後形成了京東幫，不算菜系，而是幫口。京東幫從魯菜和滿、蒙各族菜餚裡提取了許多養分，自成一種幫口；比如說，官府菜重視味道、香氣、架子，名字也非常考究。其中一道就叫酥黃菜，阿齋原以為這是以蔬菜製成，不料黃菜裡卻並沒有菜。

「這道菜背後有個故事，當時道台府一個筵席上還有最後一道甜菜蓮子羹沒出來，但有廚師不小心把生肉丟進鍋裡，蓮子羹就廢了。怎麼辦呢？我太爺人急生智，見麵點師傅在做滿族點心薩其瑪，就把正在擀的麵皮拿來一切一炸，配葡萄乾，然後灑上冰糖碎末，一拔絲就成了一道亮麗的甜點，那時起名叫冰霜白果，還大受歡迎。

後來易名為酥黃菜，是因為太爺考慮到這是甜點，如果像薩其瑪的麵粉成份那麼多，就成麵點，吃起來會很飽，一場筵席下來，已經吃不下了，所以改成以雞蛋為主、麵粉較少的甜點。而在北方菜裡，為了迴避太監的忌諱，雞蛋有許多變化多端的叫法，攤雞蛋叫攤黃菜，雞蛋叫白果，蛋糕叫槽子糕，而拔絲雞皮就取名為酥黃菜了。」

雖然同是以拔絲的方法做成，但酥黃菜吃起來，比普及的拔絲蘋果或拔絲地瓜香口得多；鄭樹國後來的版本把葡萄

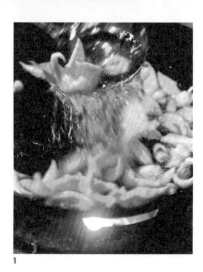

1 酥黃菜要拔絲成功，炒糖漿的速度是關鍵。
2 外焦裡嫩的鍋包肉，是哈爾濱第一名菜。

乾改成炸核桃，讓人愛不釋手。這也是京東幫菜到哈爾濱再起變化的早期FUSION菜之一，因哈爾濱衙門跟內陸不一樣，官府中人常跟外國人打交道，尤其是俄羅斯人，對於創新菜餚，鄭興文有許多巧思。

「為了遷就客人口味，我太爺做了很多改良，最有名的一道，是把原本京東幫鹹鮮口味的焦炒肉片，增加大量糖醋，改成甜酸口味，給外國人嘗了，他們很喜歡。後來太爺起名為鍋爆肉，由於俄國人發音不準，才變成鍋包肉。」在俄國人心目中，鍋包肉是中國第一名菜。

同樣酸酸甜甜，鍋包肉跟港式咕嚕肉*有異曲同工之妙；不同的是，鍋包肉的脆皮下是肉片，咕嚕肉裡是厚塊豬梅頭肉**，前者入口應是外皮爽口焦脆。

從前更不同今的，是上桌方式。彼時鍋包肉是一塊塊配上時令水果上桌，夏天配以紅酒泡透的蘋果，冬天用煮透的山楂，儼然一副西餐模樣。

*或稱咕咾肉。
**即梅花肉。

1 鄭樹國的爺爺鄭義林從太爺鄭興文的日記，整理
   而成一百道京菜菜譜，當時物資匱乏，是鄭老先
   生用粗糙的舊紙，以手工刻板油印而成。
2 2003年，鄭樹國35歲，獲得中國烹飪大師的頭
   銜，是全國最年輕的得主。

2

老廚家　串起散落珍珠

鄭家守護的官府菜傳到鄭樹國手中，已
然經歷百年。他不諱言，壓力一直是有
的，從前苦學廚藝時，並不理解父親嚴
厲的苦心。

「我當時的理想是畫畫，初中沒有畢
業，父親就說，反正我學習不好，就學
廚好了。他把我領到他工作的飯店去幹
活，不希望別人知道我們的關係，我都
管他叫師父。很多髒活兒、累活兒都交
給我，師兄不知道師父是我父親，還欺
負我。」

阿齋說，要是這麼苦，現在的孩子都受
不住了，鄭樹國難道沒有覺得苦過？

「因為我家比較傳統，管教嚴厲，我覺
得不惹老爺子生氣就是孝順。但我原來
是想畫畫當藝術家，天天跟土豆（馬鈴
薯）、白菜打交道，當然很痛苦。」二
人的父子關係一直保密，直到多年以
後，鄭樹國成才，會做菜了，這個秘密
才公開。

恨鐵不成鋼，鄭父一生只做了一件事，
就是培養他，包括送他去廣東學習。當
時他曾想留在廣州，跟父親一說，他卻
勃然大怒。「當時他說，你必須回哈爾
濱，讓你去廣州是讓你去學廣東菜的技
巧，我們這個店是哈爾濱人的感情寄
託，如果吃不著我們家人炒的鍋包肉，
很多哈爾濱的感情會受影響的。當時他

百多年前於北京開業的老廚家真味居，經歷四代，終於在2000年由鄭樹國重新在哈爾濱建立起來。

跟我說，我根本不懂。」

直到鄭父過世，鄭樹國一個人打理老廚家，終於體會父親的意思。從報導裡知道他以後，很多老年人到他店裡吃飯，就是想見他，更成為他的好朋友。這都是因為老人家們曾經嘗過鄭爺爺的菜，再次嘗到時，心情都很激動；這份感情感染了鄭樹國，從他們的表情，他知道他們很滿足，更決心要做好這些菜。

「哈爾濱菜有京東幫的京菜，有山東魯菜，有滿族的，也有漢族的，非常的豐富，但散落，就像散落的珍珠，我家是哈爾濱飲食文化裡的一條線，把它串連起來。」透過美食，鄭樹國把哈爾濱寶貴的文化傳承下來了。

老廚家
黑龍江哈爾濱市南崗區花園街43號
（近宣慶街）
查詢：86-0451-82826565

→ 食譜

道台官府菜五道

鍋包肉
酥黃菜
洋春卷
鰉魚燒土豆
釀猴頭蘑

● 在魯菜焦炒肉片的基礎上改造而成的鍋包肉，加入糖醋汁爆炒，調味有點像咕咾肉。

但以里脊切片做的鍋包肉較薄，吃來不肥，經回鍋炸製，鍋包肉外焦裡嫩，是下酒好菜。

鍋包肉。

麵皮材料

豬里脊｜375克、太白粉｜3湯匙、麵粉｜1湯匙

醃料

鹽｜2茶匙

調味料

蒜片｜適量、蔥花｜適量、薑絲｜適量
芫荽段｜適量、陳醋｜1湯匙、白糖｜2茶匙
老抽醬油｜1湯匙、番茄醬｜1湯匙

做法

1 把豬里脊切成片，長4公分，寬3公分，厚0.2公分。

2 撒鹽略醃肉片，用清水把太白粉和麵粉調成糊狀，每片肉片掛上糊。

3 鐵鍋倒入花生油，用大火燒熱至七成熱，約攝氏210度，下肉片炸至外皮膨脹撈起，離火源約30秒，肉片再回鍋，炸至金黃色，撈起瀝油。

4 炸油盛起，留下少許底油，爆香蔥花、芫荽段、薑絲和蒜片。

5 加入醋、白糖、老抽和番茄醬，大火燒至沸騰。

6 炸肉片放入醬汁中炒勻，即可起鍋。

濟南。哈爾濱。西安。

● 酥黃菜原是以滿族點心薩
其瑪的麵皮炸成的點心，
麵粉含量高，後來經鄭樹
國的太爺改良，減少麵
粉，增加雞蛋成份，吃來
蛋香味濃。

酥黃菜炸好後，要趕緊拔
絲，再灑上乾果或果仁，
豐富口感和香味。

酥黃菜。

材料

雞蛋 | 4顆、麵粉 | 3湯匙
太白粉 | 1湯匙、核桃 | 適量

調味料

白糖 | 150克

做法

1　核桃用清水燙熟，待涼抹乾，用花生油大火炸至酥脆備用。

2　麵粉及太白粉調成糊狀，加入雞蛋打勻。

3　倒適量油燒熱鐵鍋，倒入大部分蛋漿，剩1湯匙左右備用。

4　蛋漿煎成金黃色蛋皮，然後對摺，起鍋待涼。

5　蛋皮先切成條，再切成1公分長的菱形，沾上剩下的蛋漿。

6　以適量水和油用小火把白糖熬成糖漿，邊熬邊用湯勺順時針攪拌，至糖漿色澤淺黃、質感滑順。*

7　大火燒熱油鍋至兩成熱，約攝氏90度左右，將蛋角炸至酥脆膨脹，起鍋瀝油。

8　炸蛋角馬上倒進熱糖漿中，灑上炸核桃翻勻起鍋。

9　趁熱拔絲即成。

*熬糖火候要掌握，過火會苦，時間不夠又不能拔絲，可以用木筷子粘一點糖馬上放在冷水中浸一下，然後嘗嘗，如能像咬糖果般鬆脆，代表成功。

洋春卷。

用中國春卷皮包裹俄國酸黃瓜，也是鄭太爺在哈爾濱道台府的另一個巧作，是中西合璧的一道菜。

春卷皮材料
  雞蛋｜4顆
  麵粉｜3湯匙
  太白粉｜1湯匙

餡料
  酸黃瓜｜5根
  胡蘿蔔｜1根
  豬里脊｜150克

調味料
  鹽｜2茶匙

做法

1　酸黃瓜切絲，胡蘿蔔洗淨、削皮、刨成絲，豬里脊洗淨擦乾，切成肉絲。

2　肉絲以鹽及少許太白粉水略醃。

3　鐵鍋倒入油，大火燒熱，下酸黃瓜絲、胡蘿蔔絲和肉絲爆炒，放少許鹽炒勻。

4　太白粉及麵粉調入清水成糊狀，加入雞蛋打勻。

5　燒熱油鍋，蛋漿倒入煎成蛋皮，起鍋待涼。

6　把餡料排入蛋皮中，捲成長春卷。

7　鐵鍋倒入大量油，大火燒至七成熟，入春卷炸至金黃撈起瀝油。

8　把春卷切段上桌。

濟南。哈爾濱。西安。

● 鰉魚是黑龍江最貴重的魚類，清朝時為貢品，被譽為淡水魚之王，肉厚少骨味道鮮美，唇、骨、鰾、鰭皆為水產珍品。

當年哈爾濱道台府有鰉魚宴，因宴請俄羅斯人而做出鰉魚燒土豆，成為一道名菜。時移世易，天然環境受破壞，因而令野生鰉魚瀕危，現在哈爾濱以人工繁殖的鰉魚為主。

鰉魚燒土豆。

材料
　鰉魚*｜600克、土豆（馬鈴薯）｜2個

調味料
　蒜瓣｜適量、蔥段｜適量、薑片｜適量
　黃酒｜半碗、高湯｜2碗
　白糖｜2茶匙、鹽｜2茶匙、生抽醬油｜1湯匙

做法
1　土豆削皮，洗淨切成長方條，長3公分，寬1公分，厚1公分。
2　鰉魚請魚販代為去鱗切塊，與土豆大小一致。
3　鐵鍋倒入花生油，大火燒至七成熱左右，炸土豆至外皮金黃，撈出瀝油。
4　魚塊也放入油鍋，炸至金黃，撈起瀝油。
5　鐵鍋留底油，爆香蒜瓣、蔥段及薑片，放入炸土豆和炸魚塊炒勻。
6　倒入黃酒、高湯、白糖、鹽、生抽，大火燒開，小火燜煮15分鐘至湯汁收濃。
7　最後以少許太白粉水勾芡，炒勻即可起鍋。

*可改用與鰉魚同樣膠質重而肉厚的魚種代替，例如鯊魚塊或龍躉（台灣屏東稱為龍膽石斑）等魚肉。

濟南。哈爾濱。西安。

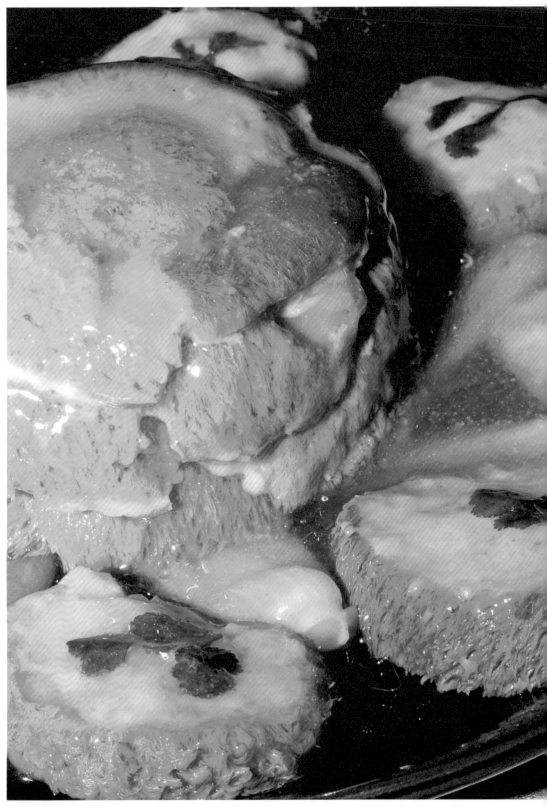

釀猴頭蘑。

東北三省依山傍水，土產豐富，尤以野菌著稱，猴頭蘑是其中一種，源自魯菜的扒猴頭，味道悠長雋永。

材料

乾猴頭蘑（台灣稱猴頭菇）｜75克
老雞｜1隻，約1800克重
蝦仁｜300克、芫荽｜1棵

調味料

蔥段｜適量、薑｜適量、鹽｜1茶匙
黃酒｜1湯匙、蔥薑汁｜2湯匙
太白粉｜少許、蛋白｜1顆、白糖｜適量

做法

1　猴頭蘑用沸水泡2小時至軟，剪去老根，用清水沖洗幾次，擠乾水分。

2　老雞洗淨，剁成大塊，汆燙。

3　取一深寬大碗，放入猴頭蘑及老雞，加入蔥、薑、鹽、黃酒、清水，置入蒸籠。

4　大火隔水蒸2個小時，至猴頭蘑熟爛取出。

5　雞湯留起備用，猴頭蘑切成0.1公分厚的扇形；芫荽洗淨備用，蝦仁搗成茸，加鹽、蔥薑汁、太白粉、蛋白調勻起稠。

6　把蝦茸抹在猴頭蘑片上，小棵芫荽按在蝦蓉上，上籠大火蒸5分鐘。

7　用薑蔥雞湯，加入白糖、鹽，燒成雞汁，放入釀猴頭蘑煨至入味即成。

濟南。哈爾濱。西安。

家常菜三道

地三鮮
木須肉
酸菜白肉

地
三
鮮
。

材料

　土豆（馬鈴薯）│2個

　茄子│2個

　青椒│2個

調味料

　蒜片│適量

　蔥花│適量

　老抽醬油│適量

　鹽│1茶匙

　白糖│1茶匙

　太白粉│少許

做法

1　全部材料洗淨，茄子去皮切成滾刀塊，土豆去皮，切成厚片0.2公分，青椒去籽切成片。

2　鐵鍋倒入適量油，燒至七成熱，放入茄子塊及土豆片，炸至熟透金黃撈起瀝油。

3　青椒倒進去略炸，馬上撈起。

4　大火燒熱油鍋，先爆香蒜片及蔥花，加入老抽、鹽、白糖，加少許太白粉水勾芡，倒入土豆、茄子及青椒，炒勻起鍋。

濟南。哈爾濱。西安。

● 木須肉的木，指的是東北黑木耳，也就是雲耳，但不同於香港的木耳。

此菜是平常不過的東北菜，卻也是東北人的共同家庭菜。

木須肉。

材料

豬肉｜75克、乾黑木耳｜38克
雞蛋｜3顆、黃瓜｜1條、胡蘿蔔｜1條

調味料

蒜末｜適量、鹽｜2茶匙、白糖｜1茶匙
生抽醬油｜1湯匙、胡椒粉｜少許、
黃酒｜1湯匙、太白粉｜少許、油｜1湯匙

做法

1 黑木耳泡於沸水中30分鐘至軟，撈起以清水洗淨，去蒂切塊瀝乾。

2 黃瓜洗淨去籽，切滾刀塊，胡蘿蔔去皮，洗淨切片。

3 豬肉洗淨抹乾，切成長方形片，加入生抽、白糖、胡椒粉、太白粉水，醃30分鐘。

4 雞蛋加入1茶匙油及少許鹽巴打勻。

5 大火燒熱油鍋，倒入油，爆香蒜末，加入黃瓜、胡蘿蔔及黑木耳爆炒，加少許鹽炒勻，撈起備用。

6 鐵鍋洗淨抹乾，倒油燒熱，倒入蛋漿，煎至略厚兩面金黃撈起。

7 大火燒熱鐵鍋，倒油爆香蒜末，加入肉片炒至半熟，倒入黃酒炒勻。

8 再加入黑木耳、黃瓜和胡蘿蔔，續炒至肉片熟透，最後加入雞蛋略炒即成。*

*雞蛋是木須肉的靈魂，卻容易老，因此放在最後，下鍋略炒即可。

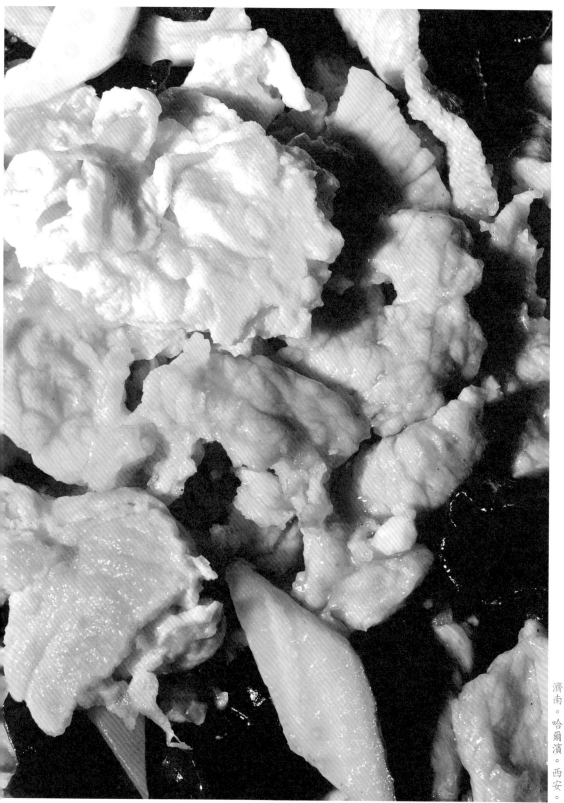

濟南。哈爾濱。西安。

● 東北嚴寒，常吃燉煮類菜餚，加上冬天沒有蔬菜吃，秋季會以大量大白菜醃製成酸菜，渡過寒冬；配上五花肉和粉條燉來吃，幾乎是每個東北人的冬季記憶。

酸菜白肉。

材料

酸菜｜半棵、連皮五花肉｜300克、粉條／粉絲｜一束

調味料

蔥段｜適量、薑片｜適量、花椒｜1湯匙

八角｜數顆、桂皮｜1根、鹽｜2茶匙

蘸汁料

蒜片｜適量、生抽醬油｜1茶匙、老抽醬油｜1茶匙、麻油｜少許

湯料

豬骨｜900克、薑片｜適量、蔥｜1棵

做法

1 豬骨洗淨汆燙，加薑、蔥及清水，煮沸後撇去浮沫，熬3小時做肉湯。

2 五花肉洗淨，大鍋清水中加入蔥段、薑、花椒、八角、桂皮，放入五花肉。

3 中火煮五花肉約半小時，煮沸後撇去浮沫，撈起待涼，切薄片備用*。

4 粉條以沸水泡軟。酸菜洗淨泡水，瀝乾切細絲。

5 準備砂鍋，粉條鋪底，放上酸菜絲，再鋪入五花肉片於頂，倒入肉湯。

6 大火燒開，小火燉煮半個小時，上桌前下鹽調味。

7 用蒜片、生抽、老抽和麻油調成醬汁，蘸五花肉片進食。

*五花肉若想切得薄，可把煮好涼透的肉放入冰箱略凍再切。

濟南。哈爾濱。西安。

北國陽光下，
教堂柱廊閃爍金光，
橘紅與翠綠粉牆醒目耀眼。

古樓裡的窗花、大街上的石雕、老餐廳的琉璃大門，
一一妝點哈爾濱讓人窒息的美。

胡泓與阿齋在俄式場景裡，細説俄僑在哈爾濱的往事。

尋找 露西亞印象

> 我很熟悉俄僑，經常去他們家，
> 這些人真的非常好，
> 我想讓大家知道他們的曾經，
> 他們在這裡曾經怎麼生活。

哈爾濱曾有四十萬俄羅斯人聚居，有小俄羅斯之稱。

沙皇王朝倒下時，俄國貴族攜家帶着走到哈爾濱，帶來家鄉的一切，文化、藝術、建築，也包括美食。1960年代末，歷史迫使他們再次避走遠方，坐船前往澳洲、紐西蘭、加拿大。然而有一群人，他們沒有走，他們在哈爾濱出生，在哈爾濱學習，在哈爾濱長大，他們是留下來的俄僑。

胡泓是其中一位俄僑的兒子，他的曾外婆在上個世紀二十年代領著一家人，包括他的外婆，從俄羅斯到了哈爾濱，他的母親也是在哈爾濱出生。像一種紀念似的，數年前胡泓在哈爾濱中央大街附近，開了兩家俄國小館，名字就叫「露

胡泓以母親摯友尼娜阿姨的家為主題，在中央大街附近建立了第一家俄式小館「露西亞」。

西亞Russia」。

胡泓是建築師，露西亞的餐廳設計全出自他的手筆。一家露西亞是以他的畫為藍本，用四年時間一筆一筆刻出木雕牆面的餐館，流露俄式優雅。另一家則是根據他母親友人尼娜阿姨家的風格建成，屋子裡有尼娜阿姨的古典擺設和油畫，還有從各處搜集回來的俄羅斯舊物，一事一物，勾勒出往昔俄僑在哈爾濱的美好生活。

傾聽古典音樂流轉，阿齋浸淫在典雅俄羅斯的氛圍裡，流連忘返。「我們像在哈爾濱，但又像不在哈爾濱，身在五十年代的場景裡，胡老師您做這家露西亞，是想復原母親做的菜的味道吧？」阿齋品着紅茶問胡泓。

「這是原因之一，另外也是為了紀念我媽媽的朋友尼娜，在我的小餐館裡頭，我想讓大家理解俄僑。五十年代中俄關係的不好，大量俄國人一下子走了很多，但留下來的俄僑都是很愛哈爾濱的人，他們心腸很好，在困難日子裡，分了很多東西給窮苦的中國人，收養了很多沒有家的中國孩子。我問過一些年紀大的哈爾濱人，俄國人的好，他們其實都記得。

到八十年代，哈爾濱只剩下十來個俄國人。像尼娜阿姨，1910年在哈爾濱出生，因為她爸爸當年是工程師，在哈爾濱建了很多建築。尼娜阿姨是會計師，她母親過世後，所有親人都去澳大利亞了，她活到91歲卻沒有離開過。我問過她和很多俄僑，為什麼不去澳大利亞，他們反而反問我，『我為什麼要去？我是哈爾濱人。』我很熟悉俄僑，經常去他們家，這些人真的非常好，我想讓大家知道他們的曾經，他們在這裡曾經怎麼生活。」

油煎包是俄僑們貴族式的家常菜。

貴族的油煎包

當年到哈爾濱的俄羅斯人以貴族為主，很多大戶人家，醫生、藝術家、作家等，這些俄國人做的西餐，跟現在的俄國西餐並不一樣，他們做菜非常講究而且傳統，菜餚擺放的方式更講求精緻。

「像吃魚子，他們會把麵包片切得非常工整，在上面抹上薄薄一層奶油，再放上魚子，最後再在上面灑上切得很碎的洋葱粒，所以拿起麵包時，你不致於吃得狼狽，魚子掉得到處都是，也不用張大嘴。」

哈爾濱的俄國菜是早期貴族的料理，當時他們遷移到哈爾濱，同時把家裡做菜的方法，各種各樣的調味料全帶到中國來，做的俄國菜非常傳統正宗，比如油煎包，俄語Pirozhki，正是當年俄國貴族最常做的家庭料理。

原來在俄羅斯，油煎包是貴族在節慶時吃的，尤其是舉行婚宴時。「我們能想像得到，在五十年代的電影齊瓦哥醫生裡，當時那種場景，有結婚的情況下，或者是朋友們來，在葡萄樹下有那種長形的桌子，桌子椅子可能不怎麼樣，但上面一定要有油煎包。」胡泓引導阿齋想像那種場面，同時一啖新鮮炸好的油煎包，外皮酥香，彷彿把大家帶到過去的場景裡，令阿齋也為之神往。

阿齋問胡泓，在1950、1960年代物資貧乏，油煎包是否沒有現在好吃？胡泓卻

1

1 2 為了重塑哈爾濱過去的俄羅斯建築風格，胡泓花
了四年多的時間畫建築圖以及刻木雕，一柱一樑
親手打造第二家露西亞小館。

道是相反的。「雖然過去日子生活貧乏， 但養豬的方法還是很傳統，現在的豬三個月就殺了，過去一年的豬才可以殺，吃起來還是比較香。我自己會跟廚師們講，為什麼要這麼做，為什麼要用這些材料，雖然把味道完整百分之百的重現是辦不到的，但我盡量去做。」

做油煎包，要先做麵皮，以麵粉摻雞蛋，還有牛奶，靜置發酵，做法就像麵包一樣；特別之處在於餡料，肉是用牛肉和豬肉混合而成，還加入了最重要的白米飯。為什麼要有中國人吃的米飯呢？因為在俄羅斯，米飯很珍貴，俄國產麥子，水稻是很稀有的。

裹好餡再把麵皮包成梭形，有點像葉子的形狀，俄僑很重視食物的形態，要好看才行。然後，把它們放進油裡，煎至外皮金黃酥脆。

「我媽做的時候，肉和米飯的餡都炒好了，她沒開始包，我就開始偷著吃了，味道真的很香。它是主食，家家都會做，帶著菜，又帶著飯，配上紅湯和沙拉，就是一頓好菜。」聽胡泓形容得活靈活現，讓阿齋直想走進廚房再炸一盤油煎包，配上紅湯和沙拉就開飯。

跟阿齋說起母親做的菜卷，胡泓手舞足蹈。

菜卷香裡的回憶

胡泓的童年在濃厚的俄羅斯文化裡渡過，以致於後來他在北大荒的苦日子時，心中一直惦記著俄國菜的味道。

「當年下鄉完回到哈爾濱，我把幾個老同學叫來，用鄉下帶回來的肉，按回憶裡母親的做法，做了菜卷，那刻的味道真的永生難忘，因為在農村太苦了。直到多年以後，大家回憶起來還是說，在我家做的菜卷那麼香，真實是不是如此，也不知道。」

菜卷是另一道胡泓媽媽經常做的經典俄國菜式；菜卷用椰菜*捲成，也就是哈爾濱人說的大頭菜。「從前哈爾濱的冬天嚴寒，每家住樓的人，都會在樓下挖一個洞，差不多有三米高左右，弄一個梯子下去，下面稍為大一點，冬天用來貯存菜，裡面有胡蘿蔔、土豆（馬鈴薯）、大蘿蔔、大頭菜、大白菜，足夠一家人冬天吃的，要做些什麼菜，過年包餃子，做菜卷，都從下面拿，那個年代就這樣。」

聽胡泓說往事，學廚師做菜卷，阿齋發現胡泓的版本，還是用上了貴族視為珍貴的白米做餡；但捲進菜卷時還是生的，白米調入炒香的豬牛肉餡，被兩層椰菜裹牢，放進熬了六小時的骨湯裡燉熟，一個小時後香氣四溢。

菜卷以大頭菜葉裹好餡料，還要放進番茄、
洋蔥煮的骨湯裡燉煮入味。

「這是我吃過最好吃的菜卷，椰菜的清甜，肉和米飯吸收了骨湯的精華，才知道其他地方吃過的菜卷，原來徒具形式而已。」阿齋感慨。

「我是在母親做的基礎上，把它弄得更好一些，但不能破壞掉它的味道。這就像建築，把建築物重修，你不可能修成現代的，換磚也要換舊磚。就像這個湯，我只是加些鮮蘑菇和蔬菜，主調沒變。」

胡泓記得，就算是物資匱乏的1960年代，肉很少，一家人還是想辦法，把每個人的肉湊起來做這個菜，是因為當年媽媽懷念過去，想念遠方的家人。現在，胡泓對母親的思念，也滲進露西亞每道菜裡。

*台灣稱甘藍菜或高麗菜。

露西亞 Russia
黑龍江哈爾濱市道里區西十道街28號
（近中央大街）
查詢：86-0451-84563207

俄僑家常菜七道

油煎包
菜卷
蘇泊湯
俄式沙拉
煎肉餅
奶汁桂魚
罐牛

● 從前哈爾濱的俄國人多，油煎包原是俄國貴族普遍的家常菜，現在已不多見，惟胡泓的露西亞小館堅持原法炮製，吃來香濃正宗。

油煎包。

麵皮材料

麵粉 | 4杯、**蛋黃** | 4顆、**牛奶** | 1/3杯、**黃油** | 1/3杯

酵母粉 | 1茶匙、**鹽** | 1茶匙、**白糖** | 1茶匙

餡料

牛絞肉 | 113克、**豬絞肉** | 150克、**煙肉（培根）** | 1薄片

米飯 | 1碗、**牛油（台灣稱奶油）** | 1/3杯、**洋蔥** | 1個、**胡蘿蔔** | 1根

調味料

胡椒粉 | 1茶匙、**鹽** | 2茶匙、**黑胡椒末** | 1茶匙

百里香粉 | 少許、**十香草粉** | 少許

做法

1　牛奶加熱30秒至攝氏38度左右，與牛油調勻。

2　加入麵粉、蛋黃、鹽和白糖調開，搓均勻成麵糰，置於濕熱地方發酵，夏天大概需要40分鐘。

3　發酵麵糰期間準備餡料，洋蔥及胡蘿蔔洗淨削皮，切碎；煙肉洗淨切碎。

4　牛肉及豬肉餡拌勻，加入胡椒粉、鹽、黑胡椒末、百里香粉及十香草粉調勻。

5　煮米飯，約一碗半份量。

6　中火加熱鐵鍋煮融牛油，加入洋蔥及胡蘿蔔碎炒香，加入煙肉碎炒勻。

7　再加入豬牛肉餡炒熟盛起，拌入熟米飯備用。

8　發酵好的麵糰混合少許乾麵粉搓勻，再醒10分鐘。

9　把麵糰分成80克一個的等份，約15～18個，再醒5分鐘。

10　用手把小麵糰推成厚圓片，中央舀上1湯匙炒好的肉餡。

11　把麵糰包攏成團，做成兩頭尖的梭形。

12　油鍋燒熱，分兩次把全部麵糰炸至外表金黃，盛起瀝油。

13　配湯及沙拉食用。

濟南。哈爾濱。西安。

菜卷。

● 哈爾濱的冬天和俄國一樣冗長而嚴寒，當地人喜吃燉煮類食物，以大頭菜葉包裹肉餡做成菜卷，與濃郁骨湯一起燉，是俄式西餐的代表菜。

材料

　　大頭菜（高麗菜）｜1個、番茄｜2個、洋蔥｜2個、胡蘿蔔｜1根
　　牛絞肉｜150克、豬絞肉｜188克、白米｜1杯、牛油（台灣稱奶油）｜1/3杯
　　煙肉（培根）｜1薄片

湯料

　　豬骨｜1800克、雞骨架｜2隻、薑片｜適量、蔥｜1棵

調味料

　　胡椒粉｜11茶匙、鹽｜12茶匙、黑胡椒末｜11茶匙
　　百里香粉｜1少許、十香草粉｜1少許

做法

1　豬骨和雞骨架洗淨氽燙，加入薑、蔥及清水，大火燒開後撇去浮沫，小火熬6小時吊湯。

2　準備餡料，一個洋蔥及胡蘿蔔洗淨削皮，切碎；煙肉洗淨切碎。

3　牛肉及豬肉餡拌勻，加入胡椒粉、鹽、黑胡椒碎、百里香粉及十香草粉調勻。

4　鐵鍋用中火加熱煮融牛油，加入洋蔥及胡蘿蔔碎炒香，加入煙肉碎炒勻。

5　再加入豬牛肉餡炒熟盛起，拌入淘洗好的白米備用。

6　一個番茄和一個洋蔥洗淨切碎，以牛油炒香備用。

7　大頭菜剝下大片完整的葉子，以沸水略燙至有柔軟度，約3分鐘，馬上用冰水冷卻，防止發黃，切走厚而硬的部分，使之成為均勻平坦的菜葉。

8　把兩塊大菜葉疊在一起，在中央靠上位置舀2湯匙餡料。

9　然後把菜葉上端折下來，兩邊收向中央，捲成菜卷，以結實為佳。

10　用剩餘的菜葉置於大鍋底部，然後用一個切塊的番茄平鋪一層。

11　放上菜卷，然後把豬骨及雞骨放於其上，再鋪上一層炒香的番茄洋蔥碎。

12　注入豬骨雞骨湯，小火燜煮45分鐘。

13　撇掉其他材料，撈起菜卷。

14　每兩個菜卷一碟，舀一勺湯即可上桌。

蘇泊湯與羅宋湯做法相近，只是在哈爾濱當地，以其中的俄國香料蘇泊葉為湯取名。

蘇泊湯。

材料

牛棒骨｜600克、牛絞肉｜150克

大頭菜（高麗菜）｜1個、番茄｜4個

胡蘿蔔｜1根、土豆（馬鈴薯）｜3個

西洋芹菜｜半棵、洋蔥｜半顆

薑片｜適量、蔥段｜適量、芫荽末｜少許

調味料

鹽｜1茶匙、八角｜3顆

蘇泊葉（或月桂葉）｜3片、桂皮｜一塊

紅酒｜1杯、黑胡椒粉｜1茶匙、百里香粉｜1茶匙

鹽｜1茶匙、油｜1湯匙、酸奶油｜1湯匙

做法

1　牛棒骨洗淨汆燙瀝乾，放入大湯鍋中，注入五倍清水。

2　放入薑片、蔥段、八角、蘇泊葉、桂皮和紅酒，大火燒開後撇去浮沫，小火燜煮3小時。

3　番茄用沸水燙去表皮，去籽切小塊，大頭菜洗淨切碎。

4　洋蔥、土豆和胡蘿蔔洗淨，削皮切塊。

5　番茄、大頭菜、洋蔥、土豆和胡蘿蔔，用牛油以中火炒至軟爛，一同放入湯內。

6　牛絞肉用黑胡椒粉、百里香粉、鹽及油略醃，放入牛骨湯裡煮20分鐘。

7　上桌前撒少許芫荽末及酸奶油即成。*

*不喜酸奶油者可省去此步驟。

濟南。哈爾濱。西安。

● 哈爾濱人喜吃土豆和紅菜頭,二者做成的醋汁沙拉,是吃炸物或肉類時解膩的絕配。

材料

番茄｜2個、土豆（馬鈴薯）｜2個
胡蘿蔔｜1根、紅腸｜1條（或用其他煙燻香腸代替）
酸黃瓜｜3根、紅菜頭（甜菜根）｜3個
大白芸豆｜1杯

調味料

大骨湯｜2碗、蒜茸｜1湯匙
蘋果醋｜2湯匙、紅酒醋｜2湯匙
黑胡椒末｜少許、橄欖油｜2湯匙
檸檬汁｜1湯匙
淡奶油（鮮奶油的一種）｜2湯匙

做法

1 土豆和胡蘿蔔洗淨削皮,切丁,用大骨湯煮至剛熟,撈起待涼備用。

2 紅菜頭削皮、切丁,單獨以清水煮至剛熟;大芸豆單獨以清水煮至軟,待涼備用。

3 番茄去皮去籽、切丁,混合土豆丁、胡蘿蔔丁、紅菜頭丁、大芸豆和蒜茸。

4 倒入以蘋果醋、紅酒醋、黑胡椒末和橄欖油調成的醋汁拌勻。

5 加入已切的紅腸丁和酸黃瓜丁拌勻,放入冰箱,醃12小時至入味。

6 以新鮮檸檬汁攪拌淡奶油做成醬汁,拌入即可食用。

<blockquote>
</blockquote>

● 哈爾濱人喜吃麵包，諸如列巴之類的硬麵包，如果吃不完或不新鮮了，可以泡牛奶、加肉餡，做成肉餅，也可以烘乾打碎，做成麵包糠，不會浪費。

煎肉餅。

材料

洋蔥│1顆、胡蘿蔔│1根、牛絞肉│150克、豬絞肉│188克
牛油（台灣稱奶油）│1/3杯、帶皮方包（一種硬麵包）│1片
麵包糠│1碗、煙肉（培根）│1薄片

調味料

胡椒粉│11茶匙、鹽│12茶匙、黑胡椒末│11茶匙
百里香粉│少許、十香草粉│少許
雞蛋│11顆、黃芥末│11湯匙

他他醬汁料*

洋蔥末│1湯匙、雞蛋│1顆、酸黃瓜末│1湯匙
大黃薑粉│少許、檸檬汁│1湯匙、鹽│少許
胡椒粉│少許、菜籽油│1湯匙

做法

1 先準備他他醬汁，洋蔥末、酸黃瓜末、大黃薑粉、檸檬汁及油拌勻，打入雞蛋攪勻，下鹽及胡椒粉調味，放入冰箱備用。

2 麵包去皮，以牛奶泡10分鐘左右至軟，加進牛肉及豬肉餡裡拌勻。

3 洋蔥及胡蘿蔔洗淨，削皮，切碎，煙肉洗淨切碎。

4 加入胡椒粉、鹽、黑胡椒末、百里香粉及十香草粉，用牛油炒香待涼。

5 拌入豬牛肉餡裡，打入1顆雞蛋、1湯匙黃芥末攪拌均勻。

6 肉餡做成橢圓形1.5公分厚的肉餅，粘滿麵包糠。

7 中火下油鍋慢慢煎香，至兩面金黃，起鍋瀝油。

8 蘸他他醬食用。

*即韃靼醬（Tartar Sauce）。

濟南。哈爾濱。西安。

● 哈爾濱多吃河魚，桂魚是其中一種，以俄式奶汁烹調，是當地普遍吃法。

奶汁桂魚。

材料

桂魚｜1條，約300克、洋蔥｜半顆、香菇｜5朵
彩椒｜1個、玉米粒（粟米粒）｜2湯匙

奶汁料

牛奶｜1杯、牛油（台灣稱奶油）｜1湯匙
麵粉｜半杯、起司末｜少許

醃料

鹽｜1茶匙、胡椒粉｜1茶匙、紅酒｜2湯匙
檸檬汁｜2湯匙

調味料

鹽｜適量、白糖｜適量、胡椒粉｜少許

做法

1　桂魚請魚販代為宰好，去鱗及內臟，以清水洗淨。
2　魚身上切十字刀，以鹽、胡椒粉、紅酒和檸檬汁醃15分鐘。
3　大火燒熱油鍋，放入桂魚，轉慢火炸至八成熟，約5分鐘左右。
4　桂魚放入長形烤盤。
5　預熱烤箱至攝氏300度。
6　調製奶汁，用牛油小火炒香麵粉，倒入牛奶，小火煮成黏稠醬汁。
7　洋蔥、香菇、彩椒洗淨、切丁，與玉米粒一起以牛油炒香。
8　下鹽、白糖、胡椒粉調味，再倒於魚上，然後倒入奶汁覆蓋全魚。
9　在表面灑起司末，放入300度烤箱中烤8分鐘。
10　最後在表面塗一層薄薄的牛油，即可上桌。

濟南。哈爾濱。西安。

● 俄式罐燜牛腩在哈爾濱所
有俄式西餐都吃得到，最
傳統的做法是以鐵鑄牛角
瓦罐燜成，在家可以鐵製
厚身鍋具代替。

罐牛。

材料

牛腩｜300克、土豆（馬鈴薯）｜一個
洋蔥｜半顆、胡蘿蔔｜1根
西洋芹菜｜半棵、蘑菇｜10粒、番茄｜1個

調味料

番茄醬｜1罐、淡奶油｜1湯匙
牛油（台灣稱奶油）｜1湯匙、蒜末｜1湯匙、鹽｜1茶匙
香葉（月桂葉）｜3片、牛肉湯｜1杯
黑胡椒｜少許、白蘭地｜半杯、芫荽末｜適量

做法

1 牛腩肉洗淨瀝乾，切成1公分 x 8公分大小的肉塊，
　汆燙備用。
2 胡蘿蔔、土豆洗淨削皮，切丁，洋蔥、西芹、蘑菇
　洗淨切丁，番茄洗淨去皮去籽，切丁。
3 中火燒熱牛油，放入一半蒜末和香葉煸香。
4 倒入番茄醬和黑胡椒翻炒。
5 放入土豆、洋蔥、胡蘿蔔、西芹、蘑菇和番茄，續
　炒至勻。
6 加入牛肉湯和牛腩，蓋上蓋子以小火燉2小時。
7 提前預熱烤箱至180度，再準備醬汁。
8 中火燒熱油鍋，放入另一半蒜末炒香。
9 加入淡奶油和白蘭地，攪勻關火，把汁盛入罐內。
10 再放入燜牛腩於罐中，頂端抹上薄薄牛油，烤20分
　 鐘。
11 取出撒上芫荽末即成。

濟南。哈爾濱。西安。

133

→ PART 3

西安。

秦風有容

任日落餘暉染紅秦城，立於古城牆上看西安。

1

2

3

拂開陝西黃土，
發掘自秦漢以來的輝煌，
從晉唐古食了解西安。

西安，古名長安，自古帝王將相必爭之
地，從秦陵磅礡氣勢，兵馬俑千軍萬馬
懾人神態，足見秦城千古輝煌。

周代立國，秦始皇稱霸，漢唐盛世，改
朝換代兵戎相見，秦菜卻不見衰落，菜
系自周朝已具雛型，到秦、漢、唐推向
頂峰，被稱為中國最古老的菜系。長安
既是十一朝帝王所在，官府菜吸收各家
所長，兼容並蓄，成就秦菜自成一格。

走過黃土地，拂開大漠風沙，余健志
（Jacky）從國宴與秦腔開始了解秦
菜，啖一口駝蹄羹，嘗一塊糟肉，挾一
箸葫蘆雞，聽官府菜軼事；吃一塊泡
饃，喝一口骨湯，學清真回民吃食；在
西安農家的後園裡摘香菜，揉麵糰，潑
辣子，拉扯出陝西麵食的家庭故事。

1 古城牆屹立西安城中。
2 秦始皇陵兵馬俑。
3 秦始皇陵中的銅車馬御手俑。

陝西菜大師劉鳳凱以鍋鏟寫書法，向Jacky送上「味道」二字。

蠍宴名廚 以鍋鏟寫味道

國宴主廚劉鳳凱讀遍典籍，名菜的歷史典故倒背如流；
除了關鍵時刻要解決難題，還要創作，最引以為傲的就是蠍子宴。

初見劉鳳凱師傅，他正在用鍋鏟寫大字，以廚具沾墨，勾勒味道二字，如此有創意的書法，Jacky還是第一次見，「為什麼想到用鍋鏟和勺子寫書法？」「因為我一生就跟這些打交道。」劉師傅拿洗鍋的刷子寫下最後一筆。

西安是外國政治元首來華必到的城市，劉鳳凱師傅於1970年代入行，因廚藝精湛而常於政治場合擔當主廚；曾於南斯拉夫大使館工作多年，回國後多年供職於陝西丈八溝國賓館，為政治人物做菜，稱得上手執廚具渡過了數十載的政治生涯。

「你的工作看來很風光，可是一定有很多難忘的事情，或者是辛酸吧？」

Jacky細讀劉師傅的回憶錄時，感慨地問。

「難忘的事情很多，像我接待敘利亞總統那一次。外國元首來，我把菜單開出來以後，要上報領導審批，國賓到西安來，就要按國宴的標準做，讓他們品嘗到最好的，認識中華美食，也認識到西安的古蹟。

我曾做過一道菜，叫水晶蓮菜，用九孔蓮藕做的，陝西領導嘗過很喜歡，就直接加進名單了，他們沒有跟我說，名單上報了就不能改。可是當時不是季節，根本沒有蓮藕，怎麼辦呢？我想呀想，想用什麼來代替好，味道又不能變，就用馬蹄，北方叫荸薺；我把它雕細了，

1

1 劉鳳凱師傅難得下廚做蔥黃蠍子，弟子們專注學習。

2 劉鳳凱熱愛陝西文化，興之所至即席表演秦腔。

做成餅樣，還挺像的，把老總和評委叫來嘗嘗，終於過關了。他們還誇說：『大師就是大師！』讓我印象特別深刻。」

國賓館主廚除了關鍵時刻要解決難題，還要創作。劉師傅最引以為傲的就是蠍子宴，蔥黃蠍子、生猛活蠍，令許多外國各地來的貴賓為之瘋狂，也使他成為蠍宴名廚，中、日、美、南斯拉夫等國的政治人物都曾嘗過他的手藝。

話雖如此，蠍子不是每人都喜愛，像Jacky，反而更欣賞劉師傅做的帝王羹。

1

2

帝王羹 楊貴妃最愛

所謂的帝王羹，其實是早於唐代已經流行的駝蹄羹。

歷史沿革使然，西安的陝西菜當中，有個最重要的組成部分就是官府菜，像黃河紅棗做的糟肉，紅棗銀杏做的衙燜白鱔，還有這道名貴的駝蹄羹。

劉鳳凱讀遍典籍，名菜的歷史典故幾乎可以倒背如流，「駝蹄羹為晉代陳思王所創，陳思王即曹操之子曹植，《晉書》更有「陳思王制駝蹄為羹，一甌值千金」之句。至隋唐時期，駝蹄羹更被視為珍饈，列為宮廷御膳，得到唐玄宗和楊貴妃的喜愛。」

1 2 駝蹄羹是有名的陝西官府菜,講究火候與刀功。傳統來說,大型的駝蹄要燉幾十個小時,配合高湯、炸香松子仁、香菇和筍絲而成。

駱駝在沙漠行走,從現代科學來說,駝蹄含很高的膠原蛋白,有助美容,難怪成為楊貴妃喜好之物。

「駝蹄是駱駝的蹄嗎?」Jacky初聽羹的名字有點訝異。「古人做的是野駱駝的蹄。駱駝全身是寶,駝肉、駝峰、駝掌、駝蹄都是能吃的。現在中國不少地方有養駱駝的基地,或者是冷凍的都有。唐代以來,它一直是很珍貴的食材。」劉師傅邊說邊把已經燉了十數個小時、煨軟了的駝蹄,切成薄如雪片,再以高湯燴製成羹。

駝蹄羹是有名的陝西官府菜,講究火候與刀功。傳統來說,大型的駝蹄要燉幾十個小時,配合高湯、炸香松子仁、香菇和筍絲而成。

一啖,松子香溢於口中,駝蹄軟韌有致,與醇厚高湯融為一體,轉瞬間駝蹄羹一滴不剩。Jacky和朋友們一下就把駝蹄羹全乾掉,劉師傅一高興,還為大夥唱起秦腔來,酒席與國宴一下子殊途同歸。

糊塗記老西安手擀麵
西安市南小巷112號
查詢:86-029-68951776

宮廷官府菜五道

駝蹄羹
糟肉
葫蘆雞
油潑辣子蒸野生鯰魚
衙燜白鱔

駝蹄羹始於晉代，興於唐代，一直貴為帝王所喜的湯羹。

古法燉大型駝蹄，動輒花二十幾個小時，現代選用養殖及急凍的小型駝蹄，製作時間大幅減少，養顏度依然。

駝蹄羹。

材料

駝蹄*｜375克、**蔥**｜1棵、**薑**｜1小塊
松子仁｜2湯匙、**冬筍**｜1個、**香菇**｜8朵、**芫荽**｜1株

調味料

高湯、1000毫升、**鹽**｜2茶匙、**胡椒粉**｜1茶匙
太白粉｜少許、**蓽撥**｜少許、**草果**｜少許、**桂皮**｜少許
八角｜少許、**丁香**｜少許、**花椒**｜少許

做法

1　駝蹄以溫水浸泡洗淨，在沸水中煮至七成熟撈出。
2　去皮和毛，剔去骨頭，餘下蹄筋肉切成薄片，注入高湯。
3　蓽撥、草果、桂皮、八角、丁香，用乾淨紗布紮成調味料包，投入鍋內，中火煨2小時。
4　中火燒熱油至七成熱，炸松子仁至香脆，撈起瀝油，搗成碎末。
5　冬筍、香菇、蔥、薑洗淨瀝乾，切成細絲，芫荽洗淨切段。
6　撈走調味料包，將香菇及冬筍絲倒入湯中，煮至沸騰，撇去浮沫。
7　加入胡椒粉及鹽，再沸時，用太白粉加水勾芡。
8　把湯羹分於湯碗內。
9　湯面撒蔥絲、薑絲、芫荽及松子仁碎末。
10　最後燒熱油，放入花椒至香味出，於湯上澆少許花椒油即成。

*可向海味店訂購乾駝掌，要用清水浸發約3小時，再放入清水鍋中以小火煮1小時，撈出駝掌以刀清理乾淨，去毛去骨，多換幾次水，擠走腥膻味。或試用豬蹄代替。

濟南。哈爾濱。西安。

147

● 糟指醪糟，亦即酒釀，是糯米經發酵而成。

糟肉。

糟肉入口即化。

中國各地多有以酒糟燜肉的吃法，而陝西傳統以醪糟入饌的做法獨特；加入黃河灘的紅棗，棗香與糟香融入肉中，吃來甜香軟糯，入口即化。

材料

帶皮五花肉 | 450克

大紅棗 | 20粒

調味料

醪糟 | 95克*

鹽 | 少許

蜂蜜 | 1湯匙

白糖 | 少許

做法

1 五花肉浸洗乾淨，以薑汁略醃去腥，置於鋪上棉布的蒸籠，大火隔水蒸至六成熟。

2 撈出後抹乾水分，趁熱於肉皮上塗薄薄一層蜂蜜。

3 燒熱油，五花肉以皮向下過油，把皮炸至金黃色，撈起瀝油待涼。

4 把五花肉切成方形大塊，用刀於肉皮劃菱形花紋，深度約為肉皮的三分之二。

5 洗淨紅棗置於大蒸碗的邊上，中間放醪糟及少許白糖，再把五花肉置於中間。

6 上蒸籠，先大火後轉小火，蒸約3小時即成。

*若找不到西安醪糟，可試以南貨店的酒釀代替。

葫蘆雞。

● 葫蘆雞被譽為「長安第一味」，以形似葫蘆而得名。

據《西陽雜俎》記載，葫蘆雞創始於唐代禮部尚書韋涉的家廚，此人廚功了得，葫蘆雞皮酥肉嫩，一舉箸，骨輕易與肉分開，屬雞饌珍品。

材料

三黃雞* | 1隻 約1500克

調味料

生薑 | 1塊、蔥 | 1棵、桂皮 | 少許、花椒 | 少許
草果 | 少許、八角 | 少許、丁香 | 少許
良薑（南薑或高良薑）| 少許
生抽醬油 | 1湯匙、紹興酒 | 1湯匙、冰糖 | 1塊
雞湯 | 1000毫升、鹽 | 1茶匙

做法

1　整雞請雞販代為宰殺乾淨，去頭、腳爪及內臟，以清水洗淨。
2　準備一條細麻繩，將雞捆紮成「葫蘆」狀。**
3　清水煮沸，放入捆好的整雞，煮20分鐘，撈起裝入有深度的蒸盤中。
4　盤中同時放入桂皮、花椒、草果、八角、丁香、良薑、蔥段和薑塊。
5　生抽、紹興酒、鹽和冰糖調勻，和雞湯一起倒入，至淹過雞身。大火隔水蒸約2小時，瀝乾雞身，解除麻繩，保持雞形完整。
6　旺火把菜籽油燒至九成熱，整雞用炒勺推入油鍋，炸2分鐘後翻轉雞身。
7　炸至金黃色時，用隔網撈出瀝油，即可上桌。
8　宜配上椒鹽蘸食。

*三黃雞原指黃羽、黃喙、黃腳的雞，連皮膚也是黃的。這種雞肉質嫩滑，皮脆骨軟，脂肪豐滿，味道鮮美，是中國地道的土種雞，遠在清代已作為貢品供皇室享用。但現在所稱的三黃雞，不是特指某一個品種，而是黃羽優質肉雞的統稱。（資料來源：香港餐務管理協會）
**葫蘆狀即雞翅與雞腿靠緊雞身，上窄下寬的形態。

濟南。哈爾濱。西安。

● 陝西人吃的鯰魚，品種與香港的塘虱近似，世界各地亦見此魚蹤跡；中國自古就有食用鯰魚的記載，《食經》云鯰魚「主虛損不足，令人皮膚肥美。」中式製法以燉煮居多，陝式以油潑辣子蒸最受歡迎。

油潑辣子蒸野生鯰魚。

材料

野生鯰魚 | 375克*

調味料

菜籽油 | 1碗

乾辣椒 | 38克

薑茸 | 1湯匙

蒜茸 | 1湯匙

鹽 | 1茶匙

蠔油 | 1湯匙

生抽醬油 | 3湯匙

做法

1 鯰魚請魚販代為宰殺去內臟，魚身切成長10公分、寬5公分的長肉段。

2 中火燒熱菜籽油，炒香乾辣椒、薑茸及蒜茸起鍋。

3 調入鹽、蠔油及生抽於香油而成油潑辣子待涼。

4 魚段置於碟中，澆上油潑辣子拌勻。

5 置入蒸籠，大火隔水蒸5分鐘即可。

*鯰魚可以試用桂花魚代替。

濟南。哈爾濱。西安。

153

衙燜白鱔是源自於長安的官府菜，官府菜講究選料，選用白鱔是因為它自古屬名貴材料，白鱔苗更有「軟黃金」的說法。

此菜講究配料，包括優質紅棗及以雞湯煨過的蓮子和銀杏，配上紅燒白鱔，味道濃郁醇厚。

衙燜白鱔。

材料

白鱔｜1條，約重675克
銀杏（白果）｜5顆
大棗｜10顆、蓮子｜10顆、薄荷葉｜3片

調味料

雞湯｜1碗、大蔥｜1棵
生薑｜1小塊、生抽醬油｜2湯匙
白糖｜3茶匙、花雕酒｜2湯匙

做法

1 白鱔請魚販代為宰殺去頭及內臟，清洗乾淨，魚身切成3公分長段。
2 魚肉以花雕酒及生抽醃10分鐘。
3 紅棗以開水泡發20分鐘，銀杏去殼，蓮子洗淨，加入雞湯以小火煨20分鐘。
4 銀杏、蓮子、紅棗瀝乾水分，以中火燒熱油至四成熱，低溫炸香，撈起備用。
5 大蔥、生薑洗淨，大蔥切段，薑切片。
6 大火把油燒至七成熱，放入白鱔段炸至金黃，起鍋瀝油。
7 鍋底留少許油，爆香蔥段及薑片，倒入花雕酒燒熱。
8 倒入鱔段，後下銀杏、蓮子、紅棗，加入生抽及白糖調勻。
9 小火燜10分鐘至收汁，起鍋綴上薄荷葉即可。

濟南。哈爾濱。西安。

● 陝西牛肉以秦川牛最為有名，是中國優良牛種。

選取牛里脊肉，切丁裹以蛋黃、太白粉與芝麻漿，製法由清真菜改良而成，牛肉丁炸至外酥內嫩，香辣惹味。

芝麻牛肉。

材料

秦川牛里脊肉｜150克

白芝麻｜38克

青紅尖椒｜各2個

蛋黃｜1顆

調味料

乾辣椒段｜5個、大紅袍花椒｜1茶匙

蔥花｜少許、薑末｜少許、蒜末｜少許

鹽｜1茶匙、花雕酒｜2湯匙、白糖｜1茶匙

太白粉｜1湯匙、自製紅油*｜2湯匙

做法

1　牛里脊肉洗淨抹乾，切成1公分方丁。

2　牛肉丁以花雕酒、鹽、蛋黃、太白粉及白芝麻醃10分鐘。

3　中火燒熱油至五成熱，下牛肉丁初炸，約半分鐘後撈起。

4　中火續燒熱油至七成熱左右，再下牛肉丁複炸，至金黃酥脆，撈起瀝油。

5　以紅油爆香乾辣椒、花椒、蔥、薑、蒜後，加入牛肉丁炒勻，起鍋即成。

*中火燒熱菜籽油，調入乾辣椒粉炒香，即成紅油。

→ 食譜

現代陝西菜四道

芝麻牛肉
桂香奇異果蝦球
河灘棗燉雪蛤
香辣茄子拌扯麵

● 奇異果於中國叫做獼猴桃，陝西秦嶺一帶的土壤最宜生長。

酸甜的奇異果加上火龍果炒河蝦仁，果香酸甜襯出河蝦鮮美。

材料

　　奇異果｜3個、火龍果｜1個

　　蝦仁｜300克、西蘭花（青花菜）｜150克

調味料

　　黃酒｜1湯匙、鹽｜2茶匙

　　蔥花｜少許、蒜末｜少許、白糖｜3茶匙

　　桂花醬｜2湯匙、番茄汁｜1湯匙

　　太白粉｜少許、檸檬汁｜1湯匙

做法

1　奇異果去皮，用挖球器挖成圓球狀。

2　火龍果從中間切成兩半，用挖球器將果肉挖成圓球，果殼待用。

3　蝦仁洗淨，從背部下刀切開挑出蝦腸，加黃酒、薑、蔥、1茶匙鹽及太白粉，醃10分鐘。

4　取小碗，將鹽、蔥、蒜、糖、桂花醬、番茄汁、檸檬汁及少許太白粉兌成醬汁待用。

5　西蘭花摘成小朵，以油鹽水汆燙熟，過涼水待用。

6　燒熱油鍋至四成熱，放入蝦仁過油，10秒鐘左右，起鍋。

7　奇異果球及火龍果球以開水略浸，瀝乾備用。

8　倒少許油，以中大火燒熱油鍋，下兌好的醬汁炒出香味，加入奇異果球、火龍果球及蝦仁翻炒均勻，起鍋裝入火龍果殼中即成。

● 陝西盛產紅棗，以黃河灘
所產之大棗為佳，肉厚香
甜，糖分高，水分少；皆
因紅棗適宜於乾燥少雨、
陽光充足的氣候中成長，
乾旱地區的棗樹，成果尤
佳。

黃河灘棗燉雪蛤。

材料
　雪蛤｜38克
　黃河灘大紅棗｜10顆

調味料
　冰糖水｜2碗
　太白粉｜少許

做法

1　提早兩天處理雪蛤，先除去雜物、泡洗乾淨，以
　　開水浸泡至雪蛤透亮時撈出。

2　雪蛤以一碗冰糖水泡一晚，隔天以大火隔水蒸2
　　小時備用。

3　將黃河灘大紅棗洗淨，放於盤中，注入冰糖水，
　　上蒸籠蒸90分鐘。

4　取出大紅棗待涼，以刀去皮及核，放進攪拌機攪
　　成泥狀。

5　加少許開水將棗泥調開，放入燉盅內，舀入冰糖
　　雪蛤，燉20分鐘。

6　最後以少許太白粉水勾芡即成。

● 陝西人愛麵食，茄子是常用配料，以醃過的剁椒調味，酸辣香濃，即使不加肉類，也好吃得很。

香辣茄子拌扯麵。

麵皮材料

　茄子｜1隻
　扯麵｜適量*

調味料

　鹽｜1茶匙、牛角辣椒｜150克
　蔥｜適量、薑｜適量
　鹽｜適量、胡椒粉｜少許
　黃酒｜1湯匙、太白粉｜1茶匙

做法

1　茄子洗淨去皮**，切成長條，拌太白粉，置於中火燒至六成熱的菜籽油中炸透，備用。
2　新鮮大牛角辣椒剁成碎片。
3　中火燒熱油鍋，加入蔥、薑及辣椒片炒香，調入鹽、胡椒粉和黃酒，炒成辣子醬起鍋。
4　將辣子醬與茄子拌勻，上蒸籠隔水以大火蒸8分鐘。
5　扯麵煮好，擱上辣茄子，撒少許蔥花，最後潑上沸油即可上桌。

*扯麵做法可參照後面介紹的油潑麵做法，或選擇自己喜歡的麵條亦可。
**西安茄子的皮較厚硬，若是南方茄子皮軟，可選擇不去皮。

濟南。哈爾濱。西安。

163

王靜紅與婆婆李張月芹向Jacky示範煎餅的做法。

關中 麥香之家

渭河平原產麥子，陝西人家自個兒碾粉做麵，
同時也要準備油辣子；
他們常說，「有了辣子不吃菜」，
辣椒是當地人吃麵不可缺少的靈魂。

走出西安主城區的鐘鼓樓，找麵食找進
尋常人家的後園，全靠本地薑*王靜紅
引路。

王靜紅的老家在陝西南部，飲食習慣有
點像四川，「辣子」吃得多，麵食反而
少，一直到嫁人生子後，才學會做麵
食。她的婆婆李張月芹則是關中媳婦。

關中之名，始於戰國時期，指的就是陝
西中部的渭河平原；平原由渭河及其支
流涇河、洛河等沖積而成，土地肥沃，
過去一直是麥子豐收之地。對老人家而
言，做麵食就如與生俱來的手藝，信手
拈來，一張麥香撲鼻的煎餅就做好。

「以前家家戶戶都種麥子，豐收的時
候，麥子金黃金黃的，很好看，碾出來

1

1 煎餅做好，捲上辣炒土豆絲就可以吃，Jacky與李家吃得很高興。
2 土豆絲捲煎餅容易做，也是小孩子的最愛。

就是麵粉。」蓄短髮的李婆婆靦腆一笑，她説的話有很重的關中口音，與Jacky的溝通，全賴兒媳婦王靜紅的翻譯。

「麵粉加點涼的淡鹽水和成麵，要做什麼都行，煎餅的麵要慢慢的加水，和得稀一點，煎出來的餅皮才薄。」老太太一手在鐵板上擦一層油，一手倒出麵漿，烙一會兒，到表面起小泡泡，就要徒手把它翻面。

做法看似輕鬆，Jacky也磨拳擦掌想試試，「嘩，想不到很熱的！」西安暮春季節天氣還冷，在戶外煎餅暖暖手也是好事兒。「什麼時候我們都會做煎餅，夏天還會煮稀飯一起吃。」

Jacky幫忙李婆婆把煎餅做好，她的兒子李衛強同時把土豆切成細絲，下辣椒炒香準備做餡，「煎餅好咯，趁熱捲上土豆絲，澆點油辣子，就這麼吃！」李婆婆的孫兒小睿宸拉着父親李衛強的衣角，三歲的小孩子，居然大口大口地吃辣土豆絲捲餅而面不改色，果然是陝西漢子。

陝西人家家要準備油辣子，所謂辣子就是辣椒，陝西產者為「秦辣」。陝西人常説，「有了辣子不吃菜」，辣椒在陝西人生活裡很重要。

嗜辣的當地人很少買現成辣椒粉，大都買辣椒乾，自己碾碎成粉，喚「辣椒麵」，細緻的程度就像麵粉似的；許多時候是跟八角、花椒、桂皮等香料一起炒乾後，再碾成，是當地人吃麵不可缺少的靈魂。

*香港人的說法，來自諺語「本地薑不辣」，在這裡的意思同於「識途老馬」。

濟南。哈爾濱。西安。

Jacky向李旭霞學習做地道Biang Biang麵,即扯麵。

拉扯 油潑 Biang Biang麵

辣子的最佳配搭是菜籽油、以及也叫扯麵的Biang Biang麵。

這種麵的名字由來眾說紛紜,最有名的一說,是秦始皇某天在咸陽出巡,看見一位農夫吃麵吃得開懷,當下派手下李斯上前,問老農吃的是什麼麵,老農隨口說出Biang Biang麵。秦王聽後,馬上問李斯Biang字如何寫,李斯基於恐懼,想出了筆畫極多的一個字「𰻞」,來獲取秦王信任。時至今日,西安一帶還有童謠教小孩子如何寫這個字呢!

Biang Biang麵做法的重點是拉扯的動作,李婆婆的女兒李旭霞最在行。「先用淡鹽水和麵,不加油,搓好揉好,做好劑子。」一聽「劑子」,Jacky還一頭霧水,以為是加什麼劑進去;原來,「劑子」是北方人對分成小份麵糰的叫法。

1

1 麵寬而長，煮時講究於水燒開時下點涼水，重複三次，令麵條達咬來有勁的境界。

2 正宗油潑麵要在麵上灑辣子，再以滾油一潑，拌勻吃，醋香、辣香、蔥香融入麵中，百吃不厭。

「劑子分好了，沾一層油在表面，蓋布醒一個小時最好，然後壓扁，中間壓一下，然後一拉一扯就是了，拿起來均勻，吃起來就光滑勁道。」

Jacky拿起麵塊也試做，一拉還挺像樣的，「最重要的是果斷。」李旭霞看着Jacky笑説。「就像形容感情，要就要，不要就不要。」Jacky把做麵比喻情感，誰説不是？西安人的麵食説到底，就是人的故事。

燒開水，放入長寬帶似的扯麵，水再次燒開，放一點涼水，再燒開。「重複三次，點三次涼水，做出來的麵就有勁道。」李旭霞做麵了得，下麵也有講究，水不開不可以下麵，下了麵也不可以一個勁兒猛煮，適時下點涼水是為了幫麵條降溫，麵煮得久，也不會軟掉。

起鍋後，就是油潑辣子的重頭戲。醬油、陳醋、鹽調好置於碗中，擱上蔥花和辣椒麵（粉），最後潑上熱油。潑辣子的油一定要用菜籽油，油溫要恰如其分，太熱會使辣椒麵（粉）焦糊發黑，油溫不足會沒有味道；應該燒熱油至冒煙關火，稍為冷卻，不再冒煙時就可以潑。

「滋拉」一聲，醋香與油潑辣子香撲面而來，一碗地道的油潑Biang Biang麵吃來香辣微酸帶勁道，簡單樸實而美味，Jacky嘗過，也道是他吃過最好吃的油潑麵。

李家兩老自小習慣吃親手做的麵食，聽王靜紅説，節日時孩子兩家人總要回來看望老人，一起吃吃麵、聊聊家常，親近屋前那塊現在種香菜、香蔥，從前種麥子的田地。

農家家常麵食四道

土豆絲捲煎餅
油潑麵
涼麵
臊子麵

● 北方人喜吃煎餅，用各種糧食粉調成麵漿，即可煎製；陝西人喜捲以香辣土豆絲同吃，做法簡單而美味。

土豆絲捲煎餅。

材料

小麥麵粉 | 132克
淡鹽水 | 75克

餡料

土豆（馬鈴薯）* | 2個

調味料

蒜片 | 適量
蔥段 | 適量
辣椒乾 | 適量
鹽 | 1茶匙

做法

1　將麵粉與淡鹽水拌勻，調成糊狀。

2　土豆削皮，切成絲。

3　燒熱油鍋，炒香蒜片及辣椒乾，下土豆絲炒熟。

4　加少許鹽及辣椒粉，炒勻起鍋備用。

5　另一方面，燒熱平底鐵鍋，抹一層油。

6　用湯勺盛一勺麵糊，倒入鍋面，搖勻鍋面，煎成薄麵皮。

7　至麵皮表面起小泡泡，迅速翻面略煎至熟，起鍋。

8　多做數張，趁熱捲入土豆絲同吃。

*西安土豆爽口，在台灣可選比較硬身的馬鈴薯，先略泡白醋水，再切絲炒製。

濟南。哈爾濱。西安。

油潑麵。

● 油潑指的是以滾油澆辣椒粉。

麵的選擇很多，陝西多用扯麵，扯麵也叫Biang Biang麵，是一種寬帶型長麵條。

材料

小麥麵粉｜300克、**鹽**｜2茶匙
溫開水｜150毫升、**菜籽油**｜適量

調味料

陳醋｜少許、**生抽醬油**｜少許
菜籽油｜半碗、**辣椒粉**｜1湯匙

做法

1　清水煮開，放涼至微溫，慢慢調入鹽和麵粉。

2　分幾次倒水，把麵糊先搓成塊，順一個方向不斷揉麵糊，至成表面光滑的麵糰。

3　把麵糰分成每份75克重的小劑子，表面抹薄薄一層油，用濕布蓋緊，醒發1小時。

4　用手把麵劑子壓扁，再用麵棒擀成寬片。

5　在寬片中間用小擀杖橫壓一道壓痕。

6　雙手提擀麵片兩端，於一定高度向案板猛力一摔，使麵片拉長，向兩端撕開，即成長長的Biang Biang麵。

7　清水燒開，放入Biang Biang麵，再燒開，放半碗涼水，再燒開，重複3次，起鍋。

8　碗中調好陳醋及生抽，放入麵條調勻。

9　於麵上放適量辣椒粉及蔥花。油鍋中放1湯匙菜籽油，燒開至冒煙，待涼至沒有煙，把油澆在辣椒麵上，拌勻即可食用。*

*亦可加入青菜、菇菌等同吃，按個人喜好調整。

● 陝西的夏季酷熱，當地人尤喜吃涼麵及涼皮，李婆婆家的涼麵易學易做，只要有麵粉、鹽和水，加一個大圓蒸盤就成。

做麵材料

小麥麵粉｜263克、鹽｜2茶匙
溫開水｜113毫升、菜籽油｜適量

配料

芫荽｜1株、芽菜｜適量

調味料

陳醋｜少許、生抽醬油｜少許
蒜汁｜1湯匙、菜籽油｜半碗、辣椒粉｜1湯匙

做法

1　置辣椒粉於大碗中。油鍋中放1湯匙菜籽油，燒開至冒煙，待涼至沒有煙，把油澆下即成油潑辣子，備用。

2　把麵糊倒入金屬大圓平底盤中，大火隔水蒸8分鐘成麵皮，切成粗細均勻的麵條，搖散晾涼。

3　芽菜以沸水略燙。

4　碟中調好陳醋及生抽，放入涼麵調勻。

5　於麵上放適量油潑辣子、蒜汁、芽菜和芫荽，拌勻即可食用。＊

＊涼麵可放進冰箱冷藏後再吃。

臊子麵。

● 臊子麵在陝西關中的地區文化中很重要，當地人沿襲唐代「長壽麵」的有關習俗，如在生日做壽時必需吃食，婚喪喜事，逢年過節，也必須以此麵款待客人。

臊子有一說是嫂子的轉音，為周文王感謝嫂子而為其煮的湯麵，取名曰「嫂子麵」。

做麵材料

小麥麵粉｜300克、鹽｜2茶匙、溫開水｜150毫升
菜籽油｜適量、蔥｜1棵、韭菜｜1棵、薑｜1塊、蒜瓣｜適量

配料

五花肉｜300克、豆腐｜1塊、黑木耳｜38克、雞蛋｜2顆

調味料

八角｜5顆、芫荽｜3片、花椒｜1湯匙、生抽醬油｜2湯匙

做法

1　清水煮開，放涼至微溫，慢慢調入鹽和麵粉。

2　分幾次倒水，把麵糊先搓成塊，順一個方向不斷揉麵糊，至成表面光滑的麵糰。

3　分切成十數個小麵糰後，抹少許植物油，靜置醒發30分鐘。

4　以麵棒擀麵，邊擀邊轉動麵片，直至厚薄均勻，以刀切出細長均勻的麵條。*

5　五花肉洗淨放入湯鍋，加入清水、八角、芫荽、花椒，大火燒開，轉小火煮至七成熟，約20分鐘。

6　五花肉待涼，切丁，黑木耳浸發，與豆腐同樣切成小丁。

7　燒熱油鍋，炒香蔥花、蒜末，加入五花肉丁、豆腐丁及木耳丁翻炒。

8　放入鹽、薑末、胡椒粉、生抽和煮肉湯或清水，灑入韭菜段，小火煨10分鐘，成臊子湯。

9　大火燒開清水，下麵條，再燒開，放半碗涼水，再燒開，重複3次，起鍋分於碗中。

10　雞蛋打勻，中火煎成蛋皮，待涼切絲，蔥切絲，芫荽切碎，薑、蒜切末，都撒於麵上。

11　把熱好的湯澆麵上即成。

*亦可購買優質手擀麵代替。

泡湯，嘗回民風味，聽寺前鐘聲，
隨老坊上人走入小巷。

細看建築訴說的西安老故事。

馬兄弟下牛骨湯現炒牛肉和泡饃，火光洪洪看得Jacky目不轉睛。

泡饃 回民大漠風

柯大哥說，沒有走一趟坊上，不曾真正了解西安飲食文化，
沒吃過泡饃，就像沒到過西安。

「Ancialea mualaikumu」，是柯名亮大哥教我們說的一句穆斯林語，意思是「你好」；到回族小吃街之前，學會這句話，喝牛羊肉湯時，老闆說不定會多送你一碗。

柯大哥是西安「坊上人」，坊上人是西安地區對信仰伊斯蘭教的回族人的一種親切稱謂。「坊」其實是唐代的一種區域劃分，長安是絲綢之路的起點，大量穆斯林從西亞、中亞遷入，伊斯蘭教因而傳入，穆斯林依清真寺而居，一座清真寺自然形成一「坊」。

西安坊上的回民小吃街，不只是國內外遊客必到之處，當地居民也愛去，只因街上食材與小吃地道。Jacky一進街內，雙手舉起相機一直照過不停，從第一攤走到最後一攤，名產名吃看得人眼花繚亂。

顆顆碩大如桃的紅棗，棗香撲鼻；婦人持鍋鏟炒核桃，香氣惹人垂涎；姑娘們包裹柿子餅，橙紅惹艷；樸拙的甑糕，棗味甜糯過癮；牛羊肉泡饃的湯，香傳千里。難怪柯大哥說，沒有走一趟坊上，不曾真正了解西安飲食文化，沒吃過泡饃，就像沒到過西安。

柯大哥說，他最愛吃的泡饃，在馬洪家。這家由馬洪一家人開的泡饃館，講究以香料做的牛骨湯煮泡饃，香料包括

柯名亮大哥跟Jacky説，陝西盛產核桃，最好的核桃都會送到坊上來賣。

八角、小茴香、香砂、肉豆蔻、桂皮、香葉*、花椒等。聽他們説，牛骨湯必需燉得濃香醇厚，同煮的牛肉才會入味可口。

泡湯吃的饃，又名「飥飥饃」，是一種以麵粉做成的硬身麵餅，烙香後用手掰成小顆，由大廚代為加湯。烹調的方法分為三種：「乾炒」即不加湯，「口湯」即食後餘一口湯的湯量，以及「水圍城」，即多湯。

三種方法，以「水圍城」最適合

Jacky。牛骨湯的香濃、牛肉的鮮美與饃的甜糯，融在一起，溫暖了陝西冬日旅人的口與胃。

*即月桂葉。

馬洪小炒泡饃館
陝西省西安市蓮湖區紅埠街46號
查詢：86-13359185583

伊古齋柿子餅
陝西省西安市北院門119號
查詢：86-13772192590

伊古齋柿子餅是坊上最有名的小吃攤之一，柿子餅餡料多樣。

玫瑰葡萄

枣泥

→ 食譜

回民小吃兩道

牛肉泡饃
臨潼柿子餅

濟南。哈爾濱。西安。

191

牛肉泡饃。

清真飲食是西安飲食文化不可或缺的部分。

泡饃是當地的清真名食，分牛肉、牛羊肉或羊肉湯等種類。

泡饃材料*

麵粉｜375克、**酵母粉**｜38克、**鹽水**｜150毫升

牛肉湯材料

牛肋條肉｜600克、**牛棒骨**｜4800克**、**蔥**｜1棵、**薑**｜1塊
八角｜38克、**香砂**｜38克、**小茴香**｜38克、**肉豆蔻**｜38克
桂皮｜38克、**香葉（月桂葉）**｜10數片、**花椒**｜38克

配料

黑木耳｜38克、**青蒜**｜1棵、**粉絲**｜適量

做法

1　牛骨洗淨汆燙，放入加了清水的大湯鍋中，煮2小時左右。
2　撇去湯面浮沫，把牛肋條肉放入湯內。
3　同時把八角、香砂、小茴香、肉豆蔻、桂皮、香葉、花椒用棉紗袋包好，放入湯鍋，再放薑片及鹽，大火燒開後，轉小火燉七個小時左右。
4　煮牛肉湯的同時，做泡饃用的飥飥饃。
5　用暖鹽水調開酵母粉，慢慢加入麵粉中，把麵粉搓成光滑麵糰，蓋上濕布醒發20分鐘。
6　將麵糰擀成大小相同的劑子，再擀成手掌大小的圓厚麵餅。
7　燒熱平底鍋，中火把麵餅兩面煎熟成飥飥饃，待涼。
8　把完整的飥飥饃用手掰成黃豆大小，備用。
9　撈起肉湯中的牛肋條，切成薄片備用。
10　黑木耳泡發好，切絲，青蒜切段，粉絲泡發切段。
11　燒熱油鍋，加入兩碗牛肉湯大火燒開。
12　放入一個掰好的饃、黑木耳絲、青蒜段，粉絲段以及牛肉片，炒勻即成。

*不會做泡饃，可以用饅頭代替。
**牛骨湯多做了可以存起做高湯。

濟南。哈爾濱。西安。

193

臨潼柿子餅。

● 陝西臨潼盛產火晶柿子，以柿肉拌麵粉做成柿子餅的起源，相傳起於三百多年前，李自成於西安稱王時，義軍奮勇受到臨潼老百姓愛戴，家家戶戶遂以豐收的火晶柿子拌麵粉，烙成柿子餅慰勞義軍，自此開始了烙柿子餅的習俗。

材料

火晶柿子 | 5個*
麵粉 | 150克
桂花糖 | 38克**
黑芝麻 | 38克

做法

1 柿子洗淨，去皮去蒂後，將果肉置於碗中。

2 加入適量麵粉搓至麵糰不粘手，不必另外加水，蓋上濕布靜置15分鐘。

3 小火燒熱鐵鍋，炒香黑芝麻，盛起，加油及開水，炒融桂花糖，並加入黑芝麻炒勻，盛起待涼備用。

4 將柿子麵糰分為小麵糰，搓圓按扁，包入桂花糖芝麻餡，收口捏緊搓圓後，輕輕按扁。

5 燒熱平底鍋，倒適量油，放入柿子餅蓋上鍋蓋，中小火煎至金黃時翻面。

6 至兩面金黃盛起，以廚用紙吸走多餘油分，即可食用。

*找不到火晶柿子，宜選用軟糯甜美多汁者代替。
**餡料可自由搭配，當地也有核桃、棗泥或豆沙等種類。

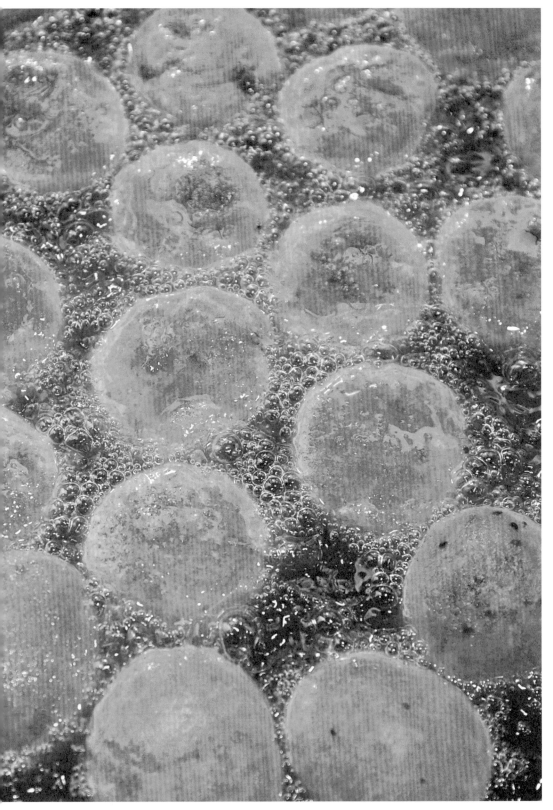

快樂尋味．中華名菜150

北風經典 濟南│哈爾濱│西安

採訪撰文　彭嘉琪
攝　　影　陳偉民

發 行 人　程安琪
總 策 劃　程顯灝
總 編 輯　潘秉新
執行總編　錢嘉琪
主　　編　張小眉
美術設計　吳慧雯

出 版 者　橘子文化事業有限公司
總 代 理　三友圖書有限公司
地　　址　106台北市安和路2段213號4樓
電　　話　（02）2377-4155
傳　　真　（02）2377-4355
E－mail　service@sanyau.com.tw
郵政劃撥　05844889三友圖書有限公司

總 經 銷　大和書報圖書股份有限公司
地　　址　新北市新莊區五工五路2號
電　　話　（02）8990-2588
傳　　真　（02）2299-7900

國家圖書館出版品預行編目資料

快樂尋味．中華名菜150:北風經典 濟南 哈爾濱 西安
　/彭嘉琪撰文.一初版.一臺北市:橘子文化, 2012.10
　　面；　公分
　　ISBN 978-986-6062-26-1(平裝)

　1.飲食風俗 2.食譜 3.中國

538.782　　　　　　　　　　　　　101019776

http://www.ju-zi.com.tw
橘子&旗林 網路書店

初　　版　2012年10月
定　　價　新臺幣380元
I S B N　978-986-6062-26-1(平裝)